ISSUE 성경적 세계관 교육

# WHY?
# 창조

스터디북

ISSUE 성경적 세계관 교육

# WHY?
## 창조

스터디북

# 프롤로그

하나님나라 교육공무원으로 살고 싶습니다.


하나님의 백성들의 눈을 열어
만물 가운데 너무나 선명하여
핑계댈 수 없는
하나님의 영원하신 능력과 신성을
보게 하고 싶습니다.


창조는 진화의 반대말이 아니라
진짜 역사의 시작점임을
알려주고 싶습니다.
그러므로 진화는 가짜 역사의
시작점이라는 사실도 보여드리고 싶습니다.


거룩한 지혜는 하나님을 경외함으로부터 길러진다는 사실을
하나님의 자녀들에게 속삭이고 싶습니다.


이 시대의 풍조를 본받지 않고 마음을 새롭게 하는
가장 온유한 방어 무기이며,
어지러운 세상 가운데서도 담대하게

하나님의 뜻을 따라 살게 하는
가장 두려운 공격 무기인
성경적 분별력을 장착시키고 싶습니다.

"Why 창조?"라고 묻는 자들에게
대답할 말을 준비해 왔습니다.
그리스도인이 가진 산소망을 전하겠습니다.

이 책은 공부하는 책입니다.
강의를 반복해서 들으며 필기하시고
누군가에게 조근조근 설명할 수
있을 때까지 복습하세요.
공부하는 당신으로 말미암아
살아계신 하나님의 교회가
진리의 기둥과 터로 견고해질 것입니다.

2025. 1. 2. 휘성쌤

# Contents

# 1강

# 우주의 시작

**읽기 과제**

《나는 이렇게 창조와 진화에 대한 답을 찾았다》, 74-88, 114-127p.

우주가 어디서 왔는지는 모든 인류의 질문.

우리는 우주의 시작을 왜 궁금해하는 걸까?

그리고 우주의 기원은 '복음'과 어떤 연관이 있을까?

# 1강 우주의 시작 ★

고등학교 1학년 교육과정에 '빅뱅이론'이 들어온 것은 2009개정 교육과정부터다. 진화론 교육은 이미 1970년대부터 시행되고 있었으나, 진화론 교육의 큰 전환점은 2009개정교육과정부터라고 볼 수 있다. 그전에는 진화론을 생물 단원과 지구과학 단원 일부에서 산발적으로 다루었다면, 2009개정교육과정부터는 빅뱅으로부터 인류의 진화까지라는 '거대 이야기', 즉 우리가 여기 왜 존재하고 있는지를 진화의 역사로 설명하는 흐름을 갖기 시작했다.

한편, 우리가 믿고 있는 우주와 생명과 인간에 관한 '거대 이야기'는 무엇인가? 교회는 창세기가 가르치는 창조의 역사 외에 우주의 시작에 대해 다른 이야기를 허용할 수 있는가? 만약, 교과서가 가르치는 대로 빅뱅 우주론이 실제 우주의 기원이라면, 성경을 믿는 믿음에 어떠한 영향을 주게 될까? 성경이 가르치는 '거대 이야기'인 창세기 1-3장이 기록된 대로 사실이 아니고, 그저 고대의 이야기 혹은 전설 같은 문서로 취급된다면, 우리는 무엇을 잃게 될까? 이러한 진지한 질문으로부터 우리의 《Why? 창조》 공부는 시작된다.

우주의 시작은 모든 존재를 규정하는 이야기다. 그것은 하나님이 누구이시며, 우리는 누구인지, 그리고 창조주께서 우리를 향해 어떤 계획을 가지고 계신 지와 연관되어 있다. 우주의 시작에 관한 어떤 이야기가 사실이냐에 따라, 그것은 필연적으로 모든 존재에 대한 다른 해석을 요구하게 된다. 그 요구는 단지 창세기에만 머물지 않고, 성경이 가르치는 역사 전체에까지 이르게 될 것이다. 다시 말해, 모든 해석의 근간이 되는 이야기가 바로 '우주의 시작'이다. 그러니 진화론에 쉽게 내어줄 수 있는 성격의 것이 아니다. 진화론 시대에 교회의 대응은 어떠해야 하며, 또 성경이 가르치는 우주의 시작을 어떻게 정돈하여 교육해야 할지 함께 배워보자.

"우리가 주님을 알자. 애써 주님을 알자"(호 6:2, 새번역)

### 포인트 질문

• 우주론이란?

• 고등학교 과학교과서는 우주의 시작을 어떻게 다루고 있을까? 다음 세대가 계속 그렇게 배우고 있어도 되는 것일까?

## 오늘의 스터디

## 1. 학교에서 배우는 빅뱅이론 알아보기

 어떤 이론이든지 그 이론이 시작한 배경을 이해하는 것은 전체적인 조망에 도움이 됩니다. 특히, 거대한 스케일을 다루는 학문일수록, 또 우리가 직접 관찰하거나 경험할 수 없는 먼 과거를 다루는 이론일수록 그 이론이 품고 있는 '전제들'을 확인하는 것은 그 내용을 분별하는데 필수적인 과정입니다. 빅뱅우주론의 100년 역사를 후르륵~ 살펴봅시다.

### 1) 빅뱅이론의 시작

① 일반상대성이론(1916): 아인슈타인은 중력을        개념으로 설명하고 그것을 중력장 방정식으로 정리하였다. 중력장 방정식의 좌변은 시공간의        을 기술한 기하학이며, 우변은 시공간에 퍼져 있는 분포를 기술한 것이다.

$$G_{\alpha\beta} = \frac{8\pi G}{c^4} T_{\alpha\beta}$$

아인슈타인(Albert Einstein, 1879-1955), 일반상대성이론 방정식

② 아인슈타인의 의문: 우주 공간에 중력이 계속 작용해왔다면 왜

모든 물질이 ▢▢▢▢으로 수축하지 않았을까?

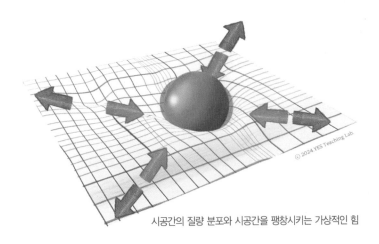

시공간의 질량 분포와 시공간을 팽창시키는 가상적인 힘

③ 러시아의 천체 물리학자 프리드만의 제안

알렉산더 프리드만 (Alexander
Friedmann, 1888-1925)

- 가정 1: 우주가 ▢▢▢▢▢ 팽창하

고 있었다면 수축하지 않았을

것이다.

- 가정 2: 우주에 ▢▢▢▢▢도, 도 없

고 어느 방향으로나 같아 보일

것이다.

현대우주론은 "균질하고 등방한 우주에서, 공간의 곡률은 시간에 따라 변하지만, 특정 시간에 곡률은 어느 곳이나 같은 것이다"라는 〈우주론의 원리〉라는 가정을 전제하고 있습니다. 이 가정을 바탕으로 아인슈타인의 일반상대성 이론 방정식을 팽창우주론 방정식으로 변환시켜 지난 한 세기의 시간 동안 빅뱅우주론이 연구되어 왔습니다. 우주에 정말 중심이 없는지, 가장자리가 없는지, 물질 분포가 균질한지, 혹은 특정 시간에 곡률은 어느 곳이나 같은지... 등은 가정적 전제이지 반드시 그래야 하는 것도 아니고 당장 확인할 수 있는 것도 아닙니다. 그런데, 빅뱅우주론은 이 〈우주론의 원리〉를 근본적 전제로 삼고 출발하였기 때문에 만약 이 전제들이 틀리다면, 이론 전체는 오류에 빠지게 됩니다. 그래서 빅뱅우주론의 성공여부는 우주에 대한 자료값들과 이론이 예측하는 바가 얼마나 잘 일치하느냐, 즉 얼마나 실제 우주를 잘 설명해 내느냐에 달려 있습니다.

## 2) 적색편이가 알려주는 것은 정말 무엇?

① 베스토 슬리퍼의 발견: 외부 은하들로부터 오는 빛의 파장이 쪽으로 치우친다는 경향이 있음을 알아냈다. 슬리퍼는 1925년까지 약 40개의 은하들을 검토하였다.

천체로부터 오는 빛의 파장이 '붉은색 쪽으로 치우친다'는 것은 파장이 길어지는 효과가 나타났음을 의미합니다. 그래서 이를 '적색편이'라고 부릅니다. 그런데 무엇 때문에 적색편이 현상이 일어나는 걸까요? 당시에 과학자들은 이 현상을 설명하기 위해 고민이 많았답니다.

② 적색편이의 해석: 효과를 적용하면, 빛의 파장이 길어지는 현상

이 우리로부터 은하가 □□□□□ 때문이라고 해석될 수 있다.

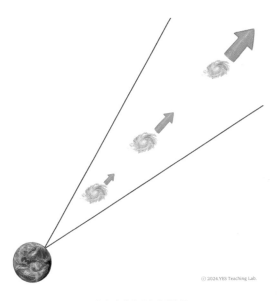

은하의 적색편이와 후퇴속도

③ 허블의 발견: 허블은 슬리퍼보다 더 많은 은하를 관측해서 은하일수록 더 큰 적색편이를 보인다는 사실을 알아내었다. 이것을 수학적으로 정리하여 은하의 후퇴속도와 은하까지의 거리가 □□□□□□ 는 허블의 법칙을 발표했다(1929년). 이에 빅뱅우주론자들은 허블의 발견을 자신들의 이론을 지지하는 증거로 채택하고 은하들의 후퇴를 시공간 팽창의 결과로 해석했다.

④ 문제: 모든 은하들이 우리로부터 멀어지고 있다면, 그리고 먼 은하들일수록 더 빨리 멀어지고 있다면, 그것을 관측할 수 있는 곳은 유일하게 □□□□□ 부근이어야 한다. 관측된 데이터만으로

는 우주에 중심이 있을 가능성을 배제시킬 이유가 없다. 그렇지만, 빅뱅우주론은 철저히 그 가능성을 배제한다.

**빅뱅우주론이 가정하는 4차원 우주 모형:**
우주에 중심도 가장자리도 없으며, 어느 곳에서나 같아 보이면서 팽창과 함께 은하들이 서로 멀어지는 것을 설명하는 우주 모형을 선택하고 있다.

빅뱅우주론자들은 왜 우주에 중심이 있을 가능성을 완전히 제외시키기 원할까요? 그 이유는 만약, 우주에 중심이 있다면, 게다가 우리가 그 우주 중심 부근에 있는 것이라면 이 우주의 생성은 우연일 수가 없는 것이 되고, 그것은 우주가 설계되었다는 강력한 증거가 되기 때문입니다. 다시 말해, 우주는 절대로 설계되었을 리가 없고, 우연히 생겨났어야만 한다는 '자연주의 믿음' 위에서 우주론을 연구하기 위해 프리드만의 두 번째 가정을 필요로 하는 것입니다. 우주가 꼭 그런 가정에 입각해야 할까요? 그런 것은 아닙니다. 그런 가정을 '선택'할 뿐입니다. 이러한 사실을 잘 알고 있었던 스티븐 호킹은 그의 책, 《A Brief History of Time》에서 "우리는 어떤 이데올로기의 혼합 없이 우주론을 만들 수 없다"고 밝혔습니다.

## 2. 빅뱅이론, 어디까지 사실인가?

### 1) 우주배경복사와 지평선 문제

① 1960년대, 펜지아스와 윌슨의 발견: 우주의 모든 방향으로부터 극저온의 [          ]가 들어와 안테나에 잡음으로 수신된다는 것을 발견했다. 이 전파를 [          ]라고 부르게 되었고, 그 온도가 약 3K임을 알아내었다.

② 1950년대에 가모브를 중심으로 빅뱅우주론자들은 빅뱅 후 38만 년 때 우주 공간에 남겨진 고온의 빛이 우주가 [          ]하면서 싸늘하게 식어 극저온의 전파가 남아 있을 것이라고 예측했는데, 우주배경복사가 바로 그 증거라고 해석하며, 우주배경복사를 빅뱅의 증거로 채택하였다.

③ 정밀한 우주배경복사 측정: 인공위성을 세 차례 발사해 정밀한 관측을 거듭할수록 큰 문제가 대두되었다. 거대한 우주 전체가 극도로 [          ] 분포를 가지고 있음을 알게 된 것이다. 이를 위해서는 우주의 입자들이 에너지를 주고받는 [          ]이 계속되었어야 한다.

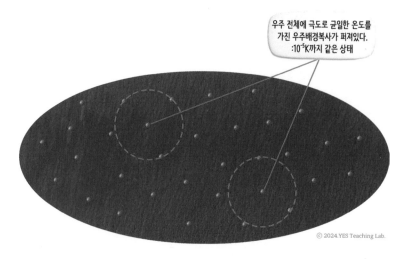

우주 전체에 극도로 균일한 온도를 가진 우주배경복사가 퍼져있다. :$10^5$K까지 같은 상태

© 2024.YES Teaching Lab.

우주배경복사와 지평선 문제: 우주배경복사의 온도를 정밀하게 측정해 본 결과 극도의 열평형 상태를 빅뱅의 역사로는 설명할 수 없다는 결론에 부딪히게 되었다.

④ 지평선 문제: 우주배경복사의 균일성은 오히려 서로 에너지를 교환하기에는 너무 멀리 있는 입자들이 어떻게 거의 같은 온도를 유지하고 있는지 설명을 요구하게 되었다. 이는 한 점으로부터 일정한 팽창을 해서 지금의 우주를 만들었다는 표준빅뱅이론으로는 설명할 수 없는 현상이었다. 빅뱅이론은 우주의 나이가 약 138억 년이라고 주장하지만, 우주배경복사의          을 설명하려면 그보다 훨씬 긴 시간이 필요했다.

⑤ 문제 해결을 위한 가설의 도입: 앨런 구스는 지평선 문제를 해결하기 위해 대폭발 직후          초 동안 우주의 부피가 $10^{129}$배로 급격히 팽창되다가 다시 완만한 팽창으로 돌아왔다는 가설을 제시했다. 이것을          이론이라고 부른다. 무엇

이 인플레이션을 일으켰을까? 그 막대한 힘이 어디서 발생되었을까? 무엇이 우주의 시공간을 ▮▮▮▮▮의 수조 배로 급격히 팽창시켰다가, 다시 갑자기 ▮▮▮▮▮ 팽창을 하게 하였나? 그 메커니즘을 설명할 수 없으며 모든 설명이 가설적이다.

인플레이션 이론은 빅뱅이론이 설명하지 못하는 현상을 해명하기 위해 무엇이든 일어나게 할 수 있는 만능 도깨비방망이와 같은 가설입니다. 지평선 문제, 단극자 문제, 편평도 문제 등 빅뱅 이론에 치명적인 현상들을 해결하기 위해 도입된 수학적 조치로서, 언제든 미지수의 수치를 바꾸어 원하는 답을 만들어낼 수 있습니다. 그래서 저명한 이론물리학자들(애나 이자스, 폴 스타인하르트, 아브라함 로브)은 "일어날 수 있는 모든 일은 일어나게 할 것"이라는 앨런 구스의 말을 인용하며 과학적 가설조차 될 수 없다고 강하게 비판했습니다. 인플레이션은 실효성 자체를 검증할 수 없는 가설인데, 그동안 과학교과서와 과학 다큐멘터리는 우주에서 실제 발생한 사건으로 기술해 왔습니다. 빅뱅이론이 성공적인 것처럼 보이는 것은 설명이 안되는 관측과 현상이 나타날 때마다 그 간격을 메우기 위한 가설들을 도입하기 때문인데, 일반인들은 그러한 설명을 들어보지 못하고 있습니다.

## 2) 우주의 밀도와 편평도 문제

① 아인슈타인의 일반상대성 이론에 따르면 우주의 운명은 시공간의 ▮▮▮▮▮ 에 달려 있다. 시공간의 곡률은 물질의 분포 즉, ▮▮▮▮▮ 에 의해 결정된다. 과학자들은 우리가 현재 살고 있는 우주의 곡률값을 0으로 보고 있으며, 그것을 위한 임계 밀도값은 ▮▮▮▮ 이다.

② 빅뱅우주론의 계산에 의하면, 대폭발 후 약 100만 분의 1초일 때, 우주의 밀도가 447,225,917,218,507,401,285,016 g/cm$^3$ 이어야 한다.

③ 빅뱅 초기에 우주의 밀도값이 딱 그 값에 조정되어 있을 가능성은 얼마나 될까? 정확히 그 값을 맞출 확률이 　　　　　　　　 이라고 한다. 이는 우주 역사 전체를 동원해도 우연히 맞출 수 없는 극도로 까다로운 확률이다. 그 얘기는 현재 우리가 사는 우주는 　　　　　　 만들어질 수 없었다는 뜻이다. 이것을 　　　　　　 라고 부른다.

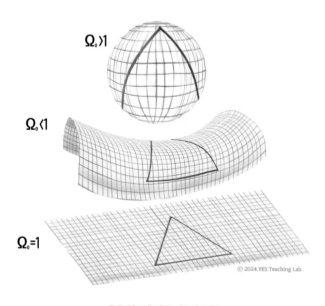

$\Omega_o \rangle 1$

$\Omega_o \langle 1$

$\Omega_o = 1$

© 2024.YES Teaching Lab.

우주 밀도에 따른 시공간 곡률

빅뱅이론을 포기해야 할 정도로 큰 문제인 편평도 문제를 우주론자들은 또 어떻게 해결할까요? 한 번에는 딱 그 밀도값을 맞출 수가 없으니, 수없이 많은 빅뱅이 있었어야 한다는군요! 무한 번의 빅뱅! 그 무한 번 중 한 번은 우연히 정확한 밀도값을 딱 맞추어 우리가 사는 우주가 될 수 있었을 것입니다! 이름하여, 다중우주론이란 가설을 도입하는 것입니다. 이쯤 되면, 세속적 우주론자들이 절대로 포기하지 못하는 것이 무엇인지 눈치채셨죠? 관측값보다, 관측을 바탕으로 한 수학적 계산보다 그들이 더 소중히 지키고 있는 것은 다름 아닌 '우연하게 생성된 우주'라는 이데올로기라는 것이 보입니다. 우리의 존재를 무한 번의 확률에 맡기는 가설에 여러분은 인생을 거실 수 있습니까? 아니, 인생을 건다는 묵직한 생각은 차치하더라도, 가설에 가설을 더해가며 가설 의존적인 '빅뱅' 때문에 창세기의 내용은 사실이 아니고, 현대 우주론에 맞춰 창조를 재해석해야 한다는 요구를 진지하게 받아들일 필요가 있겠습니까? 다른 우주, 무한 개의 우주, 영원히 폭발과 팽창과 빅 크런치를 반복하는 다중우주, 빅뱅이론의 끝이 바로 거기입니다. 이런 확률적 우주생성가설이 성경이 가르치는 우주론과 부합한다고 생각하십니까?

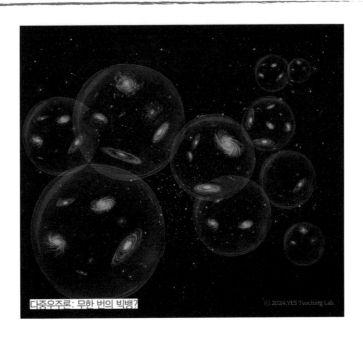

다중우주론: 무한 번의 빅뱅?

ⓒ 2024.YES Teaching Lab.

## 3) 암흑물질과 암흑에너지의 도입

① 빅뱅우주론에 따르면, 우주에 분포하는 에너지양 중에 관측적으로 확인할 수 있는 양은 얼마큼인가?

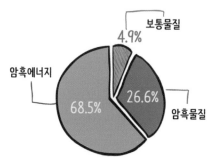

ΛCDM model에 의한
우주 에너지와 물질 분포

ⓒ 2022. YES Teaching lab.

② 빅뱅이론은 편평한 우주를 설명하기 위해 약 _____의 알지 못하는 물질과 에너지를 도입하였다. 그것을 암흑물질과 암흑에너지라고 부른다. 그중 약 26%를 차지한다는 _____은 은하의 회전 문제를 해결하기 위해 도입되었지만, 미스터리라고 말하고 있다. 그 양이 너무 많기 때문에 볼 수 있다면 진작 탐지되었어야 하지만, 수많은 노력에도 불구하고 관측되지 않기 때문이다.

③ 우주 에너지 분포의 약 70%를 차지한다는 _____는 먼 우주의 초신성 연구를 통해 우주가 _____되고 있음을 주장하면서 도입되었다. 이는 우주 에너지의 막대한 비율을 차지하

기 때문에 빅뱅이론을 지탱하기 위해서 반드시 필요하다.

④ 도전들: 암흑에너지에 대한 초기 연구가 심각한 의심을 받고 있는데, 훨씬 더 자세한                에서 우주의 가속 팽창이 잘못된 해석이라고 지적하고 있다. 암흑에너지가 부정되면, 빅뱅이론은 우주에너지의 약 70%를 제대로 설명하지 못하는, 즉 실제 우주와 매우 다른 이론이 되므로 매우 치명적 도전이다.

지금까지 살펴보니, 빅뱅우주론은 사실로 입증된 이론인가요, 아니면 여러 가정과 가설적 개념에 의존하고 있는 가설인가요? 균질하고 등방한 우주, 중심이 없는 우주, 급팽창, 무한 번의 빅뱅, 우주 초기 물질 비율, 암흑물질, 암흑에너지 등 확인할 수 없는 가설들에 기대어 있다는 것을 알 수 있었습니다. 하지만, 이미 지난 수십 년 동안 빅뱅우주론이 사실로 증명된 것처럼 가르쳐지며 얼마나 우리의 세계관에 영향을 미쳐왔나요? 우주론의 대가인 폴 슈타인하르트는 빅뱅은 언제나 가설이었으며, 빅뱅이 마음에 들지 않으면 버리고 새로운 대안을 생각하는 것은 아무런 문제가 되지 않는다고 말하였습니다. 오랜 시간 연구했다고 '사실'이 되는 것은 아닙니다. 과학적 권위를 가졌다고 '사실'이 되는 것도 아닙니다. 그렇게 설명해 볼 수 있는 것과 그것이 우리 우주의 역사였다고 말하는 것은 다른 문제인 것입니다. 처음부터 빅뱅이론은 우리가 사는 우주가 무한한 팽창으로 우연히 발생했을 것이라는 반성경적 전제 위에서 기원을 연구해 온 하나의 가설, 진화론적 가설에 불과합니다.

## 3. 성경적 기원론의 조건

### 1) 예수님의 우주역사관

① 마가복음 10장에서 예수님께서 '이혼' 문제에 대한 질문을 받으셨을 때, 무엇에 근거해서 대답하셨는가? 예수님은 창세기 1장과 2장의 창조 기사를 그대로 인용하셔서 대답하셨다.

- 예수님께서 창세기 1, 2장을                  로 인정하고 계심을 확인할 수 있다.
- 예수님께서 인간이 본래 완전한            로 창조되었으며, 하나님께서 가정을 만드신 것을 기록된 대로 인정하고 계심을 확인할 수 있다.
- 예수님께서 우주의 시작에           가 시작되었으며 창세기에 기록된 대로의 '창조'를 역사관으로 가지고 계셨음을 확인할 수 있다.
- 예수님의 답변을 통해 우리는 아무리 민감한 이슈라 하더라도 기록된          보다 더 권위를 갖는 사람의 의견은 있을 수 없다는 성경관을 확인할 수 있다.

> **막 10:6** | 그러나 하나님께서는                    '사람을 남자와 여자로 만드셨다' '그러므로 남자는 부모를 떠나서, [자기 아내와 합하여] 둘이 한 몸이 된다.' 따라서, 그들은 이제 둘이 아니라, 한 몸이다. 그러므로 하나님이 짝지어주신 것을, 사람이 갈라놓아서는 안 된다.

창세기에 대한 예수님의 입장은, 그것이 진화론과는 완전히 다른 우주나 인간과 가정의 시작에 대한 설명이라는 점에서 우리에게 매우 중요한 기준을 제공합니다.

\*함께 읽을 성경본문: 출 20:11; 잠 8:22-30; 사 42:5; 행 17:24-26

② 만약 우리가 오늘날 유행하는 이론들을 수용해서 우주의 시작은 138억 년 전에 있었고, 인류의 시작은 수십만 년 전에 있었다는 진화론적 역사관을 받아들인다면, 우리는              과 매우 상이한 역사관을 취하는 것이 된다. 그것은 창세기를 신화나 시 또는 상징으로 처리할 것을 요구하게 된다. 그 결과는 무엇인가? 하나님께서 처음부터 완전한 남자와 여자로 지으신 아담과 하와가           이 아니라는 귀결로 이어진다.

## 2) 성경이 가르치는 우주의 기원에 대한 일관성

① 창세기 1-2장의 기록은 구약과 신약 모든 기록과 일관되고 통일
   적이다. 출 20:11, 사 42:5, 행 17:24-26 말씀이 가르치는 우주의
   기원은 창세기와 어떤 관계를 보여 주는가? 성경은 일관되게 하
   나님께서 우주와 지구와 그 안에 있는 만물을 ▓▓▓▓▓▓▓ 에 직
   접 창조하셨음을 가르친다. 또, 우주 창조가 시작되고 여섯째 날
   에 ▓▓▓▓▓ 이 창조되었기 때문에 우주의 시작과 인류의 시작은
   긴 시간차가 발생하지 않는다.

- 특별히 출 20:11을 주목할 필요가 있다. 십계명에서 안식일을 규정
  을 설명하시는 내용이다. 하나님께서 직접 ▓▓▓▓▓ 에 쓰신 내용
  이며, 하나님께서는 이 법을 근거로 하여 누구든지 안식일을 지키
  지 않는 자는 ▓▓▓▓▓▓▓ (출 31:14)고 이스라엘에게 명령하셨다.
  만약에 하나님께서 엿새 동안 창조하시고 일곱째 날을 거룩하게 하
  신 일이 사실이 아니면, 사형을 판결하는 법의 근거가 거짓이 된다.
  그것은 법 자체의 실효성을 상실시킬 뿐 아니라, 하나님의 공의를
  심각하게 훼손시킨다.

"창조 때로부터(At the beginnig) 사람을 남자와 여자로 지으셨으니"(막10:6)

성경의 시간 역사(창조때에, 창조 여섯째 날)

태초(The beginning)
'아담과 하와' 창조

빅뱅의 시간 역사(빅뱅 이후, 138억년)

태초?
'아담과 하와' 출현?

예수님의 역사관과 빅뱅 우주 역사 비교

### 3) 성경적인 기원론의 두 가지 조건

1. 역사적인 아담과 하와가 인류의 [          ]이 아니라는 추론으로 이어지는 기원론은 복음과 함께 할 수 없다.

2. 첫 조상 아담과 하와가 있기 전부터 [          ]이 있었다는 즉, 죽음이 자연현상이라는 가능성을 제공하는 기원론은 복음과 함께 할 수 없다.

결국, 진화론적 역사관은 우주의 시작과 인류의 시작을 분리시키고 창세기가 가르치지 않는 수많은 가정들을 성경 해석에 도입하게 만들며, 더 나아가 역사적인 아담과 하와의 원죄 사건을 실제가 아닌 전설적인 이야기로 전락시키게 됩니다. 이는 '과학이 발전하면 빅뱅을 지지하는 증거들을 더 발견할 수도 있잖아요? 과학이 자유로운 학문을 하도록 기다려줘야지, 성경으로 과학 연구를 제한한다면 갈릴레오 재판처럼 종교가 과학을 억압하는 역사의 우를 다시 범하는 게 아닙니까?' 식의 순진한 또는 경도된 관점으로 볼 문제가 아닙니다. 종교가 과학을 억압하는 문제가 아니라, 성경을 거부하고 성경을 왜곡하는 가설적 이론으로부터 하나님 말씀의 신실성을 지키는 문제입니다. 다른 철학, 다른 이데올로기를 따르는 가설들을 분별하여, 복음의 훼손을 막고 '오직 성경으로' 돌아가 거짓 역사로부터 교회를 지키는 순결한 신앙고백이 절실히 요구되고 있습니다.

빅뱅이론은 우주의 모든 물질과 에너지가 한 점에 모여 있다가 대폭발하여 무한히 팽창하면서 우주를 형성했다는 '가정' 위에 연구되어 왔다. 빅뱅이론은 우연한 우주 생성을 전제하기 때문에 중심도 없고 가장자리도 없고 어느 곳에서 보아도 같아 보이는 우주를 '가정'하고 있다. 빅뱅이론은 $10^{-35}$초에서 $10^{-32}$초까지 급격한 팽창으로 빛의 속도의 수조 배로 커진 인플레이션이라는 '가설'에 의존한다. 빅뱅이론은 우주가 편평도를 유지하기 위한 밀도값이 왜 그렇게 정밀한지 설명할 수 없어서 무한 번의 빅뱅이라는 다중우주를 '가정'하고 있다. 빅뱅이론은 우주의 에너지 분포 중 약 95%를 암흑물질과 암흑에너지라는 '가설적인' 개념에 의존하고 있다. 종합하면, 빅뱅이론은 가설적 개념들 없이 살아남을 수 없는 이론이다.

반면, 성경은 영원 전부터 가지고 계셨던 하나님의 계획에 의해 우주가 무에서 유로 창조되어 시작되었음을 가르친다. 성경은 하늘과 땅과 그 안에 있는 모든 것이 엿새 동안 창조되었음을 가르친다. 성경은 창조 때, 바로 그 시작 때에 하나님께서 남자와 여자를 지으셨고, 그들이 연합하여 가정을 이루게 하셨음을 가르친다. 성경은 아담과 하와가 역사적인 첫 조상이며, 인류는 한 혈통으로 지어졌음을 가르친다. 성경은 우리 모두가 아담의 후손이므로 죄인이고, 한 사람 아담으로 말미암아 이 세상에 죽음이 들어왔고 우리 모두가 죄 때문에 죽음 아래 놓이게 되었음을 가르친다. 성경은 그 죄와 사망의 법에서 우리를 해방시키기 위해 둘째 아담이신 예수 그리스도께서 이 땅에 오셨고 우리 죄를 십자가에서 대속하셨다고 가르친다. 우리가 어쩌다 보니 우연한 확률 가운데 운 좋게 이런 우주에서 태어난 것이라면 이 복음은 모두 거짓이 된다.

따라서 복음은 우주의 시작에 창조된 첫 사람 아담과 그의 범죄로 말미암아 죽음이 들어온 창세기의 기원 역사 외에 다른 '거대 이야기'를 받아들일 수 없다. 역사는 같은 시공간에 두 사건을 허용할 수 없으므로 기원에 대하여 하나가 사실이면 다른 하나는 거짓이다. 다른 기원을 용납하는 것은 예수 그리스도께서 이루신 속죄와 구원을 왜곡하는 다른 복음에 문을 열어주는 일임을 기억하고 철저히 경계해야 한다. 바울이 이 시대에 살았다면 어떻게 대응했을지 곰곰이 생각해 보자.

# Note

# 2강
# 지구의 역사

**읽기 과제**

《나는 이렇게 창조와 진화에 대한 답을 찾았다》, 100-113p.

우리가 살고 있는 곳 여기, 지구.
우주 전체에서 지구는 어떤 의미를 갖는 곳일까?
이 지구에서 가장 벅찬 일은 무엇일까?

# 2장 지구의 역사

우리 아이들이 배우는 지구의 시작은 "미행성체의 충돌로 점점 성장하였으며, 이 과정에서 발생한 열로 지표가 녹아 마그마의 바다를 형성하였다"와 같은 모습으로 그려진다. 우주 먼지가스가 모이고 뭉쳐져 행성이 되려면 수천만 년~수억 년이 필요하다. 먼지가스가 뭉쳐져 돌덩어리가 되고, 수 km 직경의 돌덩어리들이 무작위적으로 충돌해서 지구 정도의 큰 행성을 만들려면 긴 시간이 필요하다. 그렇게 충돌로 만들어진 지구는 뜨거운 마그마 바다로 시작되었어야 한다. 그리고 다시 오랜 시간에 걸쳐 냉각되면서 바다가 생기고, 그 원시 바다에서 첫 생명체가 출현했다고 한다. 그 다음 수십억 년의 진화를 통해 인류가 등장했다고 한다. 그렇게 하여 지구 나이는 46억 년이고, 인간이 지구에 산 시간은 수십만 년에 불과하다. 교과서가 말하는 지구의 역사, 과연 어디까지 증명된 사실일까?

지구는 성경에서 '땅'(地)이라고 주로 번역되어 있다. 영어 성경에서는 대부분 'the earth'로 기록되어 있다. 그러고 보니 성경 첫 절부터 '地' 또는 'the earth'가 나온다. 성경 맨 처음부터 등장하는 중요한 곳이니까, 공부해 보고 싶다는 마음이 슬슬 생기지 않는가? 창세기 1장 1절만 제대로 인식해도 수천억 개의 은하들 중, 한 은하에 다시 수천억 개의 별들 중, 별 주위를 도는 수많은 행성들... 그중 하나인 지구, 이런 관점으로 성경이 지구를 다루고 있지 않구나 하는 것이 느껴질 것이다. 지구는 창조에서 단연코 하나님의 관심이 집중된 곳이다.

오래전 칼 세이건은 지구를 '창백한 푸른 점'이라고 일컬으며 지구가 광활한 우주에 떠 있는 보잘것없는 지극히 작은 존재에 불과하다고 말했다. 그러나 그보다 훨씬 오래전 성경은 '태초에 하나님이 천지(天地)를 창조하시니라'고 말씀하고 있다. 그 광활한 '우주=천(天)'과 동등한 무게로 창조의 시작에 가장 먼저 언급된 천체는 바로 '지구'이다. '지구가 우주의 중심이다?' 그런 얘기를 하는 것이 아니다. 하나님께서 지구를 어떤 곳으로 지으셨는지, 어떤 관점으로 바라보고 계신지, 그리고 이곳에서 무엇을 행하셨고, 행하실 것인지를 말하고 있는 것이다.

**포인트 질문**

- '저 먼 우주 어딘가에 지구와 같은 행성이 여러 개, 아니 수없이 많이 있지 않을까?' 이런 질문들에 대해 어떤 생각을 해 보았는가?

- 성경에서 가르치는 처음 지구의 모습과
  교과서가 가르치는 처음 지구의 모습은 어떻게 다른가?

## 1. 별과 행성의 기원

### 1) 별이 스스로 만들어졌다?

① 우리가 별에 대해 아는 것들: 크기, 거리, 온도, 현재 성분, 내부
의 화학반응 등

- ⬛⬛⬛⬛ : 별의 밝기와 표면온도를 이용해 구할 수 있다.

- ⬛⬛⬛ : 가까운 별은 연주시차를 이용하고, 보다 먼 별은 변광
주기와 광도의 관계를 이용해서 구할 수 있다.

- ⬛⬛⬛ : 별빛의 흡수 스펙트럼을 분석하면 별이 현재 가지고
있는 원소가 무엇인지 알 수 있다.

- ⬛⬛⬛⬛ : 중성미자 검출을 통해 태양 내부에서 수소 핵융합반
응이 일어나고 있음을 확인하였다. 우리가 각 별의 질량을 구하면
대략 어느 정도의 시간이 흐를 때, 수소와 헬륨 등을 모두 소진하게
되는지 계산할 수 있다.

- ⬛⬛⬛ : 별빛의 주기적 변화를 이용해 회전 주기나 쌍성계 등
을 파악한다.

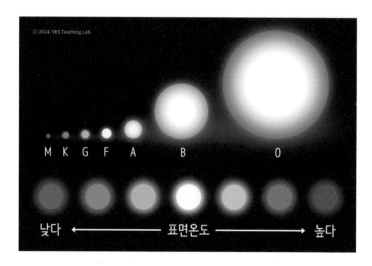

낮다 ◀━━━━━ 표면온도 ━━━━━▶ 높다

다양한 별의 색깔과 표면온도

고대로부터 별에 대한 많은 연구를 수행해 왔고, 그 결과 별의 성분과 물리량들에 대해 많은 것들을 알게 되었지만, 우리는 여전히 태양을 제외한 모든 별들에 대해 직접 관찰한 적이 없습니다. 우리가 보고 있는 은하와 별들의 사진은 실제 모습을 찍은 것이 아니라, 별빛을 이미지로 변환하는 프로그램을 이용해 얻은 것들입니다. 가장 가까운 별조차 빛의 속도로 4년 이상 가야 하기 때문에 별에 대한 연구는 오직 별빛에 의존합니다. 과학자들은 별이나 은하로부터 오는 빛을 분석하여 정보들을 얻고 별의 거리, 성분, 운동 등을 해석하고 있지만, 그것들을 통해 별의 생성이나 과거 역사를 알 수는 없습니다.

② 별의 형성에 대한 성경의 가르침: 하나님은 이사야 40장에서 모든 별을 하나님께서 직접        하셨다고 말씀하신다. 우주에 있는 모든 별의 개수와 그것들의 이름까지 모두 아신다고 말씀하신다.

> **이사야 40:26 |** 너희는 고개를 들어서, 저 위를 바라보아라. 누가 이 모든 별을 창조하였느냐? 그분께서 ▢▢▢▢▢를 수효를 세어 불러내신다. 그는 능력이 많으시고 힘이 세셔서, 하나하나, ▢▢▢▢▢▢을 불러 나오게 하시니, 하나도 빠지는 일이 없다.

③ 별의 형성에 대한 교과서의 가르침: 과학교과서는 빅뱅 후 ▢▢▢▢ 정도 지나 우주에 있던 수소와 헬륨 등이 중력에 의해 뭉쳐서 최초의 별이 탄생했다고 가르친다. 이는 별 형성에 관한 진화론적 설명으로 '성운설'에 근거를 두고 있다.

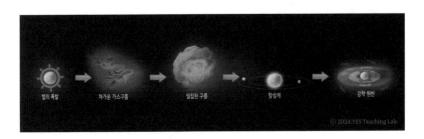

**성운설**: 교과서가 가르치는 별의 기원

④ 성운설의 문제점들: 가스가 우주 공간에서 어떻게 뭉쳐질 수 있을까?

- 우주 공간에 기체 입자들이 퍼져 있을 때, 그 입자들 사이에 작용하는 힘은 ▢▢▢▢▢보다 ▢▢▢▢▢▢이 훨씬 크다. 만약, 압축이 시작된다 하더라도 중심부로 떨어지는 입자들은 각운동량 보존에 의

해 [        ]가 엄청나게 증가할 수밖에 없다.

- 기존 성운설에 의하면 어떤 방법으로도 [        ]별의 탄생을 설명할 수 없다. 왜냐하면, 하나의 별이 탄생하기 위해서는 반드시 주변에 있는 [        ]의 폭발이 있어야 하기 때문이다.

"암흑물질은 항성과 은하들의 형성에 결정적 요인이다. 암흑물질이 없다면, 항성과 은하들은 자연적 과정으로는 결코 형성되지 않는다."

**존 하넷**(John G. Hartnett, 1953– )

결국 첫 번째 별의 자연적 생성을 설명하려면, 먼지가스의 뭉쳐짐을 유도할 무언가가 필요합니다. 그 무언가는 가스 입자들의 확산을 거스르면서 거대한 구체로 뭉쳐지게 할 수 힘을 제공해야 합니다. 진공에 가까운 우주 공간에서 무엇이 그러한 강력한 힘을 제공할까요? 진화론자들은 우주 공간에 퍼져 있는 차가운 가스 입자들을 끌어당겨 뭉치게 하는 힘으로 '암흑물질'을 도입했습니다. 실제로 존재하는지 확인되지 않은, 감지되지 않았으며, 본 적도 없는 가설적인 암흑물질이 있어야만 최초의 별 형성이 설명된다는 것입니다. 그러나 과학교과서는 별의 진화나 성운설을 '가설'로 다루지 않고 '사실로 다룹니다. 거기에 한 술 더 떠 단원 제목에 '별에서 온 우리'라는 말이 등장하고, 인간을 '생각하는 별먼지'라고 부르기도 합니다. 별의 진화 과정으로부터 인간의 존재 기원을 찾게 하는 것이 오늘날의 교육 현실입니다. 반면, 별의 진화 과정이 '미해결 난제'라는 설명은 어디에도 없습니다.

## 2) 충돌에 의해 행성이 만들어진다?

① 진화론자들은 행성의 기원을 어떻게 설명할까?

〔　　　　　〕 → 먼지 핵 형성 → 부착에 의해 덩어리로 성장 → 돌덩어리로 성장 → 〔　　　　　〕 → 충돌에 의해 소행성으로 성장

② 진화론은 어떻게 가스 입자들이 모여서 수 미터의 〔　　　　　〕가 되는지, 그 돌덩어리들이 부딪혀 어떻게 수 킬로미터의 돌덩어리로 병합되는지 모두 설명하지 못하고 있다. 또, 우주 공간에서 많은 미행성체들이 떠다니다가 〔　　　　　　〕할지라도, 거대한 두 돌덩어리는 병합이 아니라, 충격량에 의해 서로 〔　　　　〕 말 것이다.

## 3) 궤도 운동은 어떻게?

① 지구에서 어떤 물체를 던져 올려 지구 주위를 도는 궤도 운동을 하게 하려면, 지구의 중력을 벗어날 수 있는 〔　　　　　〕로 물체를 던져야 한다. 어떤 인공위성이 지구를 주기적으로 돌게 하려면 그것의 질량과 속도를 정교하게 맞춰서 탈출시켜야 하며, 정확한 고도에 올려놓아야 한다.

© 2024 YES Teaching Lab.

지구 주위에서 회전하는 위성을 바로 그 자리에 두려면?

② 마찬가지로 달은 지구 주변을 돌고 있는            인데, 정확
한 위치에서 지구를 주기적으로 회전하기 위해서는 처음부터 정
확한 질량, 속도가 맞춰져 지구의          과 평형을 이루는
정확한 고도에 놓여졌어야 한다. 그러기 위해서는 처음부터 지구
의 크기, 달의 크기, 지구와 달 사이의 거리 등 모든 물리량들이
정확하게 고려되었어야 하며, 딱 알맞는 힘으로 달을 그 자리에
운동시켰어야 한다.

태양계를 돌고 있는 행성들, 소행성들, 위성들, 혜성들, 그리고 은하 중심을 돌고 있는 저 수많은 별들, 이 모든 천체들이 질서 정연한 궤도 운동을 하고 있습니다. 우리가 오늘날 인공위성 발사 하나를 성공시키기 위해 수많은 과학자들이 얼마나 노심초사하며 정교한 연구와 공정 과정을 거치는지 생각해 보세요. 인공위성은 과학기술의 산물이고 천체들의 궤도운동은 '우연'의 산물인 걸까요? 하필이면, 먼지가스들이 뭉쳐져서, 하필이면 그 덩어리들이 돌덩어리를 이루었는데, 하필이면 그것들이 다 산산조각 나지 않고, 하필이면 큰 덩어리로 뭉쳐져, 하필이면 정교한 궤도운동을 하면서, 하필이면 서로 충돌하지 않고, 그 가운데 가장 안정적인 행성인 지구에서 생명체가 생겨나, 하필이면 생각하는 존재로 진화해서, 우리가 '생각하는 별 먼지'가 된 것일까요?

## 2. 지구가 특별한 이유

### 1) 지구와 다른 행성들 비교

① 지구에서 가장 가까운 행성들: 가까운 행성들에 대해서는 우리가 비교적 많은 정보를 가지고 있는데, 지구와 가장 유사한 조건에 있는 행성들조차          을 전혀 갖추고 있지 않음을 확인하고 있다.

태양계 행성들

- 수성: 느린 자전속도 때문에 낮에 　　　　　까지 올라가고 밤에
  는 영하 　　　　까지 내려간다.
- 금성: 한 때 지구의 쌍둥이 행성일 것이라고 예측했지만, 두꺼운
  　　　　　대기 때문에 표면 온도는 연중 약 466℃로 유지되고,
  지표에는 지속적인 　　　　이 이루어지고 있으며, 공기 중에는
  독극물인 　　　　이 떠있어 거의 지옥과 같은 행성이다.
- 화성: 화성의 크기는 지구의 2분의 1, 중력은 지구의 3분의 1 수준
  으로 대기에 산소를 보유할 수 없으며, 지구와 같은 물 순환도 불가
  능하다.

② 지구 바깥쪽 궤도에 있는 거대한 행성들: 큰 행성들이 지구 바깥
  쪽에 배치되어 있어서 지구는 　　　　　의 충돌을 약 1,000배
  이상 막을 수 있다.

목성에 충돌하는 슈메이커-레비 혜성 상상도

③ 행성들의 이심률: 목성이나 토성이 혜성처럼 이심률이 큰 타원궤
도 운동을 한다면 어떻게 될까? 지구는 거대 행성들의 간섭으로
⬚⬚⬚⬚⬚⬚ 궤도 운동을 유지할 수 없으며, 수많은 소행성들의
충돌을 겪게 될 것이다. 그런데 놀랍게도 태양계 행성들은 거의
⬚⬚⬚⬚⬚ 에 가까운 타원 운동을 하고 있다.

④ 지구의 위치: 지구의 물이 ⬚⬚⬚⬚⬚ 상태로 존재하기 위해서는
태양으로부터의 거리 조건이 중요하다. 태양으로부터 어느 정도
범위에 있어야 지구의 물이 액체로 존재할 수 있을까? 금성보다
⬚⬚⬚⬚⬚ , 화성보다 ⬚⬚⬚⬚⬚ , 바로 여기에 있어야 한다.

## 2) 지구만을 위한 특별한 조건들

① 지구의 크기: 지구가 지금보다 10% 컸더라면, 중력이 커져서 _____ 이 이루어지지 않는다. 반대로, 지구가 화성처럼 작았다면 중력이 작아져서 모든 물이 증발되어 행성 전체가 _____ 된다.

② 달: 달은 하루에 두 번씩 _____ 이 적당하게 일어나게 하여 해양 생태계를 유지시킨다. 달의 거리가 지금보다 10%만 가까워져도 밀물 썰물은 훨씬 증가해 거주 가능 지역이 많이 줄어든다. 또, 상당히 큰 크기를 갖는 달은 지구의 _____ 을 안정시켜 지구 기후가 온화하게 하는데 기여한다.

**지금보다 10% 가깝다면?**

지구와 달의 거리에 따른 조석력 차이

③ 태양: 우리 태양은 매초 _____ 의 대도시가 1년 동안 사용할 수 있는 정도의 에너지를 방출한다. 그렇지만 그 활동은 매우 안정적이어서, 맥마스 관측소에서 32년 동안 추적한 결과 태양으

로부터 지구에 도달하는 에너지양은 단            의 변화만을 보였다.

④ 플레어: 태양 내부의 자기장 활동은 같은 크기의 별들에 비해 매우 안정적이어서          를 분출하지 않는다. 만약 단 한 번이라도 수퍼플레어가 발생했다면, 지구는 완전히 타버렸을 것이다.

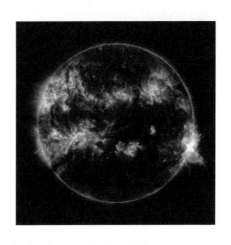

태양의 플레어, 2024년 5월 14일 관측(Credit: NASA/SDO)

⑤ 자기장: 지구에는 적당한         이 형성되어 있어서 매 순간 태양으로부터 날아오는 다량의         입자들을 지구 바깥으로 밀어낸다. 또, 우주에서 오는         을 차단하여 지구 표면을 보호한다.

⑥ 오존층: 지구 대기의 오존층은 생물의 세포를 공격하는 단파인 ▢▢▢▢▢ 을 흡수하여 생명체를 보호한다.

태양풍과 지구 자기장(Credit: NASA)

⑦ 대기 성분: 지구 대기에 있는 78%의 ▢▢▢▢▢▢ 로 인해 인간은 안정적으로 불을 사용할 수 있으며, 번개는 공기 중의 질소를 빗물에 녹여 땅에 ▢▢▢▢▢ 로 공급하고, 질소는 식물의 흡수를 통해 아미노산을 구성하는 원소로 쓰인다.

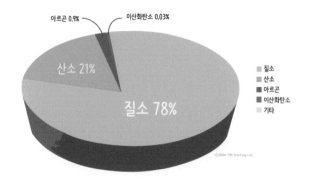

아르곤 0.9%    이산화탄소 0.03%

산소 21%

질소 78%

■ 질소
■ 산소
■ 아르곤
■ 이산화탄소
■ 기타

지구 대기 성분 비율

⑧ 산소: 지구 대기에 있는 21%의           는 인간의 호흡과 면역력에 매우 중요하다.

- 공기 중의 산소 비율이 18% 이하로 내려가면 산소       증상들이 나타난다. 16% 이하로 내려가면 호흡에 어려움이 생기고 메스꺼워지며, 8% 이하로 내려가면 7-8분 내에 사망하게 된다.

- 지구 대기는 어떻게 거의 일정하게 산소의 비율을 유지하는 것일까? 암석의 인이 풍화되어 해수로 공급되면, 해양의 조류가 증가하고, 조류의         을 통해 산소를 대기 중에 공급된다. 만약 대기 중의 산소 농도가 너무 높아지면         가 활발하게 활동하여 인을 침전물로 고정시키고, 조류가         하여 대기 중의 산소 농도가 낮아진다. 이와 같은 순환이 지속적으로 일어나 지구 대기의 산소 농도를 안정적으로 유지하는 것이다. 과연 이 모든 것이 우연일까?

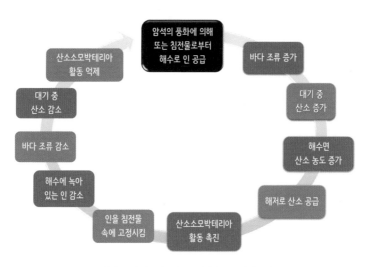

대기 중의 산소 농도를 유지시키는 순환시스템

지구가 지구이기 위한 조건들은 무수히 많습니다. 그런데 정말 놀라운 것은 이 조건들 중 단 한 가지라도 없었다면, 지구에서 우리가 살아가는 것이 불가능했다는 것입니다. 다른 행성들은 이 조건들 중 단 몇 가지도 갖추고 있지 않는데, 지구는 어떻게 크기, 질량, 위치, 자전속도, 안정된 공전 운동, 자전축의 기울기, 온도, 자기장, 오존층, 적합한 중력과 대기압, 대기의 성분, 암석의 성분, 지구 내부의 구조와 운동, 풍부한 액체 물, 탄소 질소 산소 등의 순환, 광합성을 이용한 에너지 공급, 위성인 달의 크기와 거리, 적절한 밀물 썰물, 안정된 태양 활동, 거대 행성들의 보호, 수많은 생물들의 상호작용 등 이루 헤아릴 수 없는 요소들을 갖추고 있는 것일까요? 여러분, 우주인이 되어 지구 밖으로 나간다고 생각해 보세요. 지구 안에서 우리가 값없이 누리고 있는 이 모든 생존 조건들을 인위적으로 갖추기 위해 우주복은 한 벌에 수백억 원의 특수 장비가 필요합니다. 만약, 지구 밖에서 우주복을 입지 않으면 사람은 15초 내에 의식을 잃게 되고, 체액이 급속히 증발하며 1분 안에 사망하게 됩니다. 그러니까 우리는 이 지구가 없다면 단 15초도 우리의 생명을 보존할 능력이 없는 존재들입니다. '생명'을 위한 지구, 우리가 바로 이곳에 있다는 것이 얼마나 놀랍고 감격스러운 사실인가요? 하나님은 오늘도 여전히 의인에게도 악인에게도 동일하게 햇빛과 비를 주고 계십니다.

## 3) 지구가 정말 특별한 이유

① 그렇다면, 지구라는 행성만 왜 이렇게 특별한 조건들을 갖추고 있는지 그 이유를 선명하게 말씀해 주시는 창조주 하나님의 설명을 들어보자.

이사야 45장 12절

• 지구가 특별한 이유가 무엇인가?

이사야 45장 18절

• 지구가 특별한 이유가 무엇인가?

② 물리적으로, 생물학적으로 특별한 조건 외에 지구가 정말로 특별한 곳인 이유는 무엇인가?

- 지구는 유일하게 ▨▨▨▨▨▨ 인 인간을 창조하시고 거주하게 하신 곳이다.

- 인간이 범죄하여 하나님의 생명에서 끊어졌을 때, 독생자 예수 그리스도께서 바로 이 지구에 ▨▨▨▨▨▨ 하여 오셨다.

- 예수님께서는 승천하시면서 "그때에 사람들은 인자가 큰 권능과 영광을 띠고 구름을 타고 오는 것을 볼 것"(눅 20:27)이라고 말씀하셨다. 그리스도께서 ▨▨▨▨▨ 을 볼 곳, 하나님의 자녀들이 왕이신 예수님을 ▨▨▨▨▨ 역시 바로 이 지구이다.

- 우주에서 지구 외의 다른 행성에 외계인이 존재할까? 그렇지 않다고 생각한다면 그 이유는 무엇인가?

  ▨▨▨▨▨▨▨▨▨▨▨▨▨▨▨▨

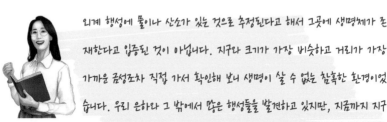

외계 행성에 물이나 산소가 있는 것으로 추정된다고 해서 그곳에 생명체가 존재한다고 입증된 것이 아닙니다. 지구와 크기가 가장 비슷하고 거리가 가장 가까운 금성조차 직접 가서 확인해 보니 생명이 살 수 없는 참혹한 환경이었습니다. 우리 은하나 그 밖에서 많은 행성들을 발견하고 있지만, 지금까지 지구와 같은 조건들을 갖춘 행성은 전혀 없었으며, 직접 가서 관찰해 보기 전까지는 생명체가 있을 것이라는 예측은 가설에 불과합니다. 설사 어떤 곳에 모든 생존환경이 갖춰졌더라도 그곳에서 생명이 저절로 생겨난다는 것은 상상에 불과합니다. 생존 환경이 구비되는 것과 생명체가 자연발생되는 것은 전혀 다른 문제입니다. 이에 대해서는 다음 3강에서 더 깊이 알아보겠습니다.

우리는 지구의 유일성, 독특성, 진귀함을 일부러 가리고 희석시키는 시대에 살고 있다. 너무나 광활한 우주를 탐구하게 되어 인간의 시야가 넓혀졌기 때문일 수도 있지만, 광대한 우주에서 수많은 은하들, 별들, 행성들이 발견된다고 해서 지구의 특별함이 별거 아닌 것이 되는 것은 아니다. 오히려 무수한 천체들 중 어떻게 이곳만 이러한 조건들을 갖추고 있는가 물으며 그 경이로움을 더 깊이 곱씹어야 할 때다.

그럼에도 불구하고 많은 이들이 지적 생명체가 지구에만 있다고 생각하는 것은 우주의 '공간 낭비'라는 말을 유행시킨다. 어떤 사람들은 외계인 중에 인간보다 훨씬 발전된 문명을 가진 존재들이 있을 것이라고 생각하며 화려한 영상들을 만들고 아이들은 그런 영상들을 맛있는 음식처럼 먹고 있다. 나사(NASA)의 고급 과학자들조차 외계 생명체를 찾는 탐사 프로젝트를 수십 년째 운영하고 있다. 이 모든 일들은 우리가 별 먼지에서 왔다고 생각하는 진화론적 관점이 만들어내고 있는 현대의 풍조로서, 진짜 시작과 진짜 역사를 잃고 헛된 상상에 인생을 허비하는 모습이라 할 수 있다.

광대한 우주에서 지구의 물리적 크기는 작고 희미할지 모르겠지만, 이곳은 유일하게 생명체를 위한 절묘한 조건들을 모두 갖춘 곳이다. 우리가 앞에서 살펴본 조건들 중 단 한 가지만 빼더라도 우리는 살 수 없다. 그런데 그 아슬아슬한 조건들 중 인간의 힘으로 좌지우지할 수 있는 것이 없다. 과학을 통해 지구와 우주에 대한 지식이 많아질수록 우리는 '땅을 견고하게 하신 분', '땅을 혼돈 상태로 창조하신 것이 아니라, 사람이 살 수 있게 만드신 분'을 신뢰하고 창조주께 감사해야 한다. 그러니 환경 종말론 같은 류의 유행에 휩쓸려서도 안 된다. 환경 종말론은 '하나님께서 주신 환경을 잘 가꾸고 보존하자'는 선한 뜻에서 나온 것이 아니다.

환경종말론자들은 마치 인간이 '하나님'이 아니라 '지구'에게 잘못을 하여 지구에게 회개해야 하는 존재인 것처럼 묘사하고, 선한 문명까지 몹쓸 것으로 비하하면서 '탄소금식'과 같이 해괴한 종교 행위들을 만들어 낸다. 예수 그리스도가 아니라 인간의 행위에 해결의 초점을 두게 하는 반성경적 사상이다. 지구의 운명은 우리의 행위가 아니라 예수 그리스도께 달려 있다. 물질적인 세계관으로 자꾸 우리 마음을 빼앗는 시대에 성경이 우주와 지구와 생명, 그리고 인간에 대해 무엇을 가르치고 있는지 더욱 집중하여 성경을 배우고 말씀 안에 거하기를 힘써야 한다. 그렇지 않으면 미혹하는 여러 풍조들과 거짓 이론들이 지성과 함께 영혼을 노략하는데도 무방비 상태가 되어 버릴 수 있다.

일단의 유신진화론자들은 외계인이 사는 행성에도 하나님께서 예수님을 보내셨을 것이라는 경악스러운 주장을 하고 있다. 교회 안에 결코 들어와서는 안 될 악한 사상이다. 진화론을 수용한 다음 단계는 예수 그리스도의 십자가 대속을 희석시키고 희화하는 것임을 여실히 드러내는 단면이다. 그리스도인의 모든 생각의 근거는 성경이어야 함에도 불구하고 그들의 모든 추론의 근거는 진화론이다. 그 결과 성경의 권위에 대한 처참한 훼손과 복음의 왜곡을 초래한다.

교회에서 왜 우주와 지구의 기원에 대해 가르쳐야 할까? 바로 복음 때문이다! 이 진화론 시대에 성경이 가르치는 온전한 복음을 지키려면 우주와 지구의 시작에 대해서도 반드시 성경적으로 분별력을 갖추어야 한다.

지구가 정말로 특별한 이유는 바로 이곳만 오직 하나님의 아들이 사람의 모양으로 오셨기 때문이다. 바로 이곳에서 예수님은 우리를 위하여 단번에 영원한 제사를 드리셨다. 구원의 창시자가 되신 예수님의 십자가 사건은 우주적이며 일회적이며, 그 효력은 영원하다. 따라서 우주의 역사를 위해 그리고 영원한 하나님의 나라를 위해 다른 '피'는 필요하지 않다. 하나님께서는 십자가의 피로 화평을 이루사 '만물' 곧 땅에 있는 것들이나 하늘에 있는 것들이 그로 말미암아 자기와 화목하게 되기를 기뻐하셨다. 우리에게 필요한 것은 예수 그리스도께서 창조 때부터 우리를 위해 행하신 일이 얼마나 놀라우며, 얼마나 순전하며, 얼마나 진실한 지를 그분의 신실한 말씀의 빛 가운데서 배우고 증거하는 것이다.

# Note

# 3장
# 생명의 시작

**읽기 과제**

《나는 이렇게 창조와 진화에 대한 답을 찾았다》, 128–141p.

'생명'에 대해 과학이 알려주는 것은 무엇일까?

진화론자들은 생명의 기원에 대해 어디까지 밝혔을까?

성경이 '생명'에 대해 가르치는 내용은 무엇인가?

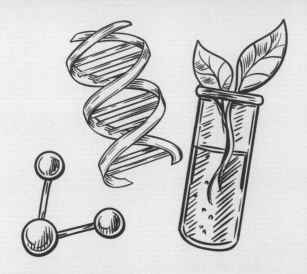

# 3장 생명의 시작 ★

과학교과서는 '생명'에 대해 '신다윈주의'를 고스란히 반영하여 가르친다. 신다윈주의는, 최초의 세포 하나가 화학반응만으로 생성된 후, 유전정보의 복제 과정에서 발생되는 돌연변이와 생존에 적합한 개체가 살아남는 자연선택, 이 두 원리를 통하여 지구에 다양한 생물들을 출현했다고 주장하는 진화이론이다. 고등학교 1학년 과학교과서는 "지구에서는 다양한 물질 사이에 끊임없이 화학반응이 일어났고 최초의 생명체가 나타났다. 지구와 생물은 서로 영향을 주고받으면서 변화하여 현재와 같은 모습이 되었다"라고 기술하고 있다.

단 하나의 세포로부터 지구상의 모든 생물이 물질로부터 나왔다는 신다윈주의의 뿌리를 거슬러 올라가 보면, 그 아이디어는 다윈의 것이었다. 그는 당시 사적 편지에 따뜻한 작은 연못에서 생명체가 발생했을 것이라는 주장을 남겼고, 그의 노트에 '진화 나무'로 알려진 생물의 진화계통수의 아이디어를 스케치한 것이 남아있기도 하다. 그런데, 우리는 DNA 유전정보 시스템과 유전법칙 및 생명 공학이 알려지지 않았던 다윈 시절에 비하면 생명체에 대해 상상할 수 없을 만큼 확대된 지식을 가지고 있다. 과연 21세기에 우리가 새롭게 이해하고 있는 유전자, 아미노산, 단백질, 분자 기계들, 생명체안의 정교한 반응 기작들을 고려해도 여전히 바다나 연못에서 화학 반응만으로 세포 하나가 발생했다는 아이디어에 동의할 수 있을까?

만약, 세포의 자연발생이 과학적으로 검증된 사실이 아니라면, 더 나아가 가능성이 매우 희박해서 일어날 수 없는 일로 판결되어야 마땅하다면, 공교육이 지금까지 전달해온 '생명의 시작'에 관한 지식들은 '과학'이 아니라 신다윈주의를 신봉하는 '신앙'을 전달한 것이 된다. 모든 생물의 진화 이론이 '단 하나의 세포의 시작'에 의존해 있다는 점을 생각해 보면, 이 문제는 진화론의 핵심이다. 창조는 '신앙'이니 공적인 영역에 발을 딛지 말라고 말해온 그 프레임이 과연 얼마나 정당한 것인지 한번 확인해 보자.

### 포인트 질문

- 과학교과서는 생명이 무엇이라고 가르치고 있는가?
  그 내용들은 이미 과학적으로 증명되었는가?

- 생명이 우주 어디서든 자연발생되는 것이라면, 생명 구원을 핵심 교리로 하는 기독교는 과연 이치에 맞는가?

## 1. 생명 발생에 관한 긴 논쟁

### 1) 1600년대부터 200년의 싸움

① 레디의 실험: 이탈리아의 기생충학자 레디는 생명의 자연발생을 [            ] 체계적인 실험을 처음으로 수행했다(1668년).

레디(Francesco Ready, 1626-1697) / 레디의 대조 실험

- 레디의 실험에서 코르크 마개로 막은 병에서 구더기가 발생하지 않은 것은 무엇을 의미하는가?

- 레디의 실험에도 불구하고 생물의 자연발생을 지지하는 주장이 계속된 이유는 무엇인가?

② 니덤의 실험: 영국의 생물학자이자 사제였던 니덤의 실험에서는 밀폐한 병에서도 미생물이 발생했다. 그런데 스팔란차니는 그 결과를 왜 의심했는가?

③ 스팔란차니의 실험: 이탈리아의 생물학자이자 사제였던 스팔란차니는 수백 번의 세심한 실험을 통해 밀폐된 병에서는 ⬚⬚⬚ 이 발생하지 않음을 확인했다. 또한 미생물이 발생하지 않은 플라스크의 뚜껑을 열었다가 닫는 과정을 추가했을 때 미생물이 발생한 것을 보고 미생물 발생의 원인이 ⬚⬚⬚⬚ 에 있을 것이라는 단서를 얻게 되었다.

스팔란차니(Lazzaro Spallanzani, 1729–1799) / 스팔란차니의 실험

어떻게 현미경 발명자였던 레이우엔후크조차 생물의 자연발생설을 지지할 수 있었냐고요? 오늘날의 관점에선 의아스러울 수 있습니다. 하지만, 1600년대에 발명된 초기 현미경은 지금의 현미경처럼 해상도가 좋지 않았습니다. 당시 현미경으로서는 세포의 둥글둥글한 겉모습 정도만 관찰할 수 있었기 때문에 앞선 과학자들조차 세포를 무슨 푸딩 조각 정도로 인식하였습니다. 우리가 지금 상식으로 알고 있는 세포의 정교한 내부 구조나 세포를 이루고 있는 복잡한 물질들 등에 대해서는 20세기 중반부터 연구된 것입니다. 그래서 1600~1800년대에 '자연발생설 대 생물속생설'의 싸움이 오래 지속된 것은 세포가 매우 단순한 '물질 덩어리' 정도로 인식되었던 지식의 한계도 한몫을 했다고 볼 수 있습니다.

이러한 논쟁의 역사에서 또 하나 알 수 있는 사실은 과학자들도 확실한 검증이 어려운 문제에 대해서는 자신이 기존에 가지고 있는 신념이나 지식에 많이 의존하여 어떤 이론을 지지하기도 하고 거부하기도 한다는 것입니다. 다시 말해 과학자들이라고 해서 시대를 앞서가서 모든 것을 아는 존재들이 아닌 것이죠. 대부분의 사람들이 과학은 가치 중립적이고 객관적이라고 생각하지만, 실제로는 그렇지 않습니다. 또 지금 알려져 있는 과학 지식들이 진리인 것도 아닙니다. 과학 지식은 변해 왔고, 변하고 있으며, 앞으로도 적절한 설명을 찾는 노력을 계속하겠지만 실패한 이론들도 많이 나올 것입니다. 그러므로, 과학자들의 생각이나 과학 이론에 대한 맹신보다는 가설인가, 아니면 확인된 사실인가에 대한 분별이 필요합니다. 과학 이론도 과학자 집단이나 과학자 개인의 주관적 가치에 따라 선호/불선호 되며 사회적 맥락과 이슈들에도 많은 영향을 받는다는 사실을 염두에 두면서 과학의 유익과 성공적 이론들을 잘 활용하는 태도가 필요합니다.

## 2) 파스퇴르 실험의 결론

① 파스퇴르는 현미경 관찰을 통해 그동안의 실험에서 미생물이 번식한 이유는 　　　　　　　중의 미생물이 유입되는 것이 원인일

것이라고 생각했다. 그는 멸균한 건면에 공기를 필터링 시켜 보았을 때 많은 세균을 관찰할 수 있었다.

② 파스퇴르는 플라스크 안으로 공기는 유입되지만 공기 중의 ░░░░░░은 유입되지 못하도록 하는 장치를 고안했다. 그것이 ░░░░░ 실험이다.

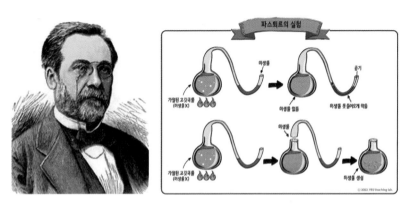

파스퇴르(Louis Pasteur, 1822-1895) / 파스퇴르의 백조목 플라스크 실험

③ 파스퇴르는 백조목 플라스크 외부로부터 미생물이 유입되지 않는 한, 유기물에서 스스로 ░░░░░░가 발생하는 것이 아님을 증명한 것이다. 이 실험의 공로를 인정받아 파스퇴르는 프랑스 아카데미로부터 대상을 수여했고, ░░░░░░은 ░░░░░░으로부터만 나온다는 '생물속생의 법칙'을 확립하였다.

 우리는 파스퇴르의 실험을 통해 생명체에 필요한 영양분이 충분히 모여 있는 유기물 수프가 있더라도 박테리아와 같이 단순한 생명체조차 자연발생하지 않는다는 결론에 도달했습니다. 200년의 논쟁에 종지부가 찍힌 것이지요. 그런데, 왜 우리는 아직도 학교에서 세포의 자연발생을 배우고 있는 것일까요? 아이러니한 일이 아닐 수 없습니다. 진화론자들은 '과거의' 지구가 현재의 지구와 다른 조건이었을지 모르고, 그렇다면 혹시라도 원시 지구에서는 가능했을지 모른다는 가설을 주장했습니다. 안된다고 단정짓지 말고 열린 태도로 검토해 보아야 '과학적'인 게 아니냐고 설득했던 것입니다. 그 확인할 길 없는 주장이 유럽에서는 1800년 대 후반부터 공교육을 통해 가르쳐졌습니다. 장기간의 교육은 '유기물 수프에서 생겨난 최초의 세포'와 같은 가설을 하나의 신념 체계로 만들었습니다. 그리고 이제 '원시 지구에서 발생한 최초의 생명체'라는 개념은 확고한 패러다임이 되어버렸습니다.

그래도 우리는 포기할 수 없습니다. 거기에 '생명이 무엇이냐?'는 너무너무너무 중요한 문제가 걸려 있기 때문입니다. 더 검토해봅시다. Let's go~

## 2. 세포와 생명의 설계도

### 1) 세포가 하는 일 – 단백질 만들기

① 세포의 구조: 사람 세포와 같은 진핵 세포의 경우, 중심에는 핵이 있고 그 안에 ＿＿＿＿＿＿＿＿가 염색사의 형태로 들어 있다. 핵 밖은 ＿＿＿＿＿＿이며, 그 속에 수많은 세포소기관들이 있다. 세포소기관들은 모두 분자기계로서 각자 독특하고 복잡한 기능을 수행한다. 어떤 분자기계는 유전정보를 해독하고, 어떤 분자기계는 필요한 재료들을 운반하고, 어떤 분자기계는 단백질 분자를

제조하고, 어떤 분자기계는 발전소처럼 에너지를 생산하며, 어떤 분자기계는 경비병 역할을 한다.

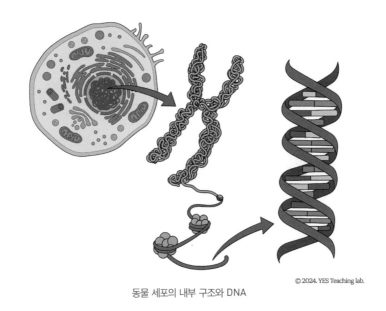

동물 세포의 내부 구조와 DNA

© 2024. YES Teaching lab.

② 유전정보와 염기: DNA 분자에서 유전정보가 코딩되어 있는 부위는 사다리처럼 길게 연결되는 　　　　　 부분이다. 유전 정보를 암호화하는 염기 분자는 총 4가지인데, 컴퓨터가 0과 1로 암호화하는 것에 비하면 훨씬 복잡한 시스템이다. 아데닌(A), 사이토신(C), 구아닌(G), 티민(T), 이 네 가지 염기 분자들이 정확한 순서로 배열하여 　　　　　 부분과 비유전자 부분을 형성하고 있다. 유전자 부분은 　　　　　 을 제조하는 명령문에 해당하고, 비유전자 부분은 아직 해독하지 못한 수많은 정보들을 포함하고 있다.

③ 유전자가 복제될 때의 규칙은, A는           와 결합되고, C는           와 결합하여 기존의 정보를 그대로         하게 되어 있다. 그러나 복제 중에 염기가 디스 매치되면           가 생길 수 있다.

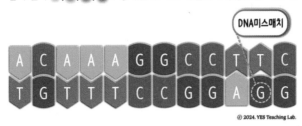

유전자 복제와 DNA 디스 매치

④ 단백질 제조: 단백질 한 분자가 만들어지려면 먼저 핵 안에서 유전자 정보가          되어 mRNA를 만들어야 한다. 그다음 복제된 정보가 핵 밖의          에 전달되고, 리보솜은 정보를 해독하면서          을 순서대로 불러와 결합시킨다. 길게 결합된 아미노산 사슬은          이 되기 위해 자기만의 고유한 4D 입체로 접힌다. 이 일련의 과정이 세포 안에서는 매우 빠르고 정확하게 이루어지는데 반해          에서는 자연적으로 일어나지 않는다.

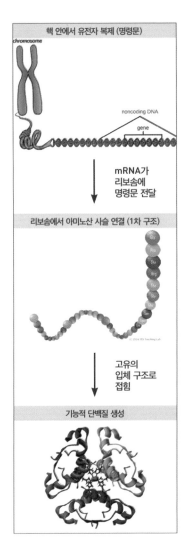

**핵 안에서 유전자 복제 (명령문)**

chromosome!

noncoding DNA

gene

⬇️ mRNA가 리보솜에 명령문 전달

**리보솜에서 아미노산 사슬 연결 (1차 구조)**

Gly
Pro
Thr
Arg
Thr
Gly
Ile
Ser

⬇️ 고유의 입체 구조로 접힘

**기능적 단백질 생성**

세포에서 기능적 단백질이 생성되는 과정

우리의 세포 안에서는 매우 효율적인 분자 기계들과 다양한 효소들이 유전정보의 명령에 의해 약 10만 가지의 기능적 단백질들을 척척 만들어냅니다. 적혈구만 보더라도, 평균적으로 1초에 200만 개 정도가 우리 몸에서 생산되어야 하는데, 이를 위해 헤모글로빈 단백질은 단 1초에 약 5,000,000,000 개 정도 제조되어야 합니다. 몸 밖에서는 단 한 개의 단백질조차도 우연히 조합되지 않는데, 세포 안에서는 매초 상상하기 어려운 속도로 정교한 물질들이 제조되고 있습니다. 게다가 알맞은 종류의 단백질을, 알맞은 양만큼 만들어, 필요한 곳으로 제 때에 운송까지 해주고, 생명 현상을 위한 수많은 물질 수송과 쓰레기 처리나 재활용 처리도 하며, 외부의 공격으로부터 지켜주는 경비시스템을 상시 가동하고 있으며, 에너지 발전소까지 갖춘 것이 바로 '세포'입니다. 그래서 과학자들은 세포 하나를 '거대한 공업 도시'에 비유하고 있습니다. 여러분은 이렇게 복잡한 시스템인 세포 하나가 존재하기 위해 필요한 것이 '고도의 설계'라고 생각하십니까, 아니면 '뚜렷위적 화학반응'이라고 생각하십니까? '우연'은 실체가 없기 때문에 아무런 힘이나 목적이나 작용을 일으킬 수 없습니다. 그래서 '우연'을 통해 이전 단계보다 더 질서도가 높고 고도의 기능을 가진 시스템이 만들어졌다는 주장은 실체가 없는 '자연주의적 신념'에 불과합니다.

## 2) 기능적 단백질의 무작위적 생성 가능성

① 어떤 도둑이 10자리 수의 자물쇠를 열기 위해 암호 배열을 맞춰
야 한다고 가정해 보자. 1~10 각 자리에 올 수 있는 경우의 수
는 열 가지다. 그러므로 전체 조합의 수는 100억 개[$10^{10}$]가 된
다. 이 열 자리 암호를 10초에 한 조합 씩 맞춰 본다고 가정하면,
〔          〕이 걸린다.

| 1 | 2 | 3 | 4 | 5 | 6 | 7 | 8 | 9 | 0 |
|---|---|---|---|---|---|---|---|---|---|

**열 자리 비밀번호 배열 가능성**: 각 자리에 10개의 숫자가 올 수 있다. 경우의 수 = $10^{10}$ 가지이며, 이 중
한 가지 배열만 자물쇠를 열 수 있다.

② 더글라스 엑스는 DNA에서 무작위적으로 위치 지정 돌연변이를
유발해 150개의 아미노산을 배열시키는 실험했다. 알맞은 단백질
을 만드는 아미노산 배열을 위해, 150개의 각 자리에 올 수 있는
아미노산 종류는 〔          〕이다. 그러므로, 이 경우 가능한 조
합의 수는 $10^{390}$개이다.

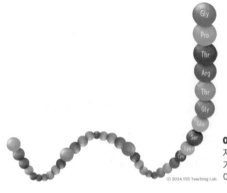

**아미노산 150개로 이뤄진 폴리펩타이드**: 각
자리에 20개의 아미노산이 올 가능성 = $10^{390}$
가지, 이 중 한 가지 조합만이 기능적 단백질
이 된다.

③ 150개의 아미노산 서열을 가진 기능적 단백질 분자 하나를 무작위적인 방법으로 만들어지는 시간을 계산해보자. 만약, 10초에 1조합씩 생성된다고 가정하면, 3,170년의       배의 시간이 걸리게 된다. 이는 100개의 동전을 던져 모두 앞면이 나오는 것이 연거푸     번 일어나는 확률로, 우주에서 일어날 수 없는 일이라는 결론이 나온다. 즉, 빅뱅 우주론이 제시하는 시간이 다 지나도 진화적 방법으로는 우주에서 기능적 단백질 단 한 개가 만들어지는 것조차 불가능하다.

우리는 지금 세포 하나가 자연 발생할 수 있는지 탐색 중인데, 화학진화이론으로는 세포는커녕 단순한 기능적 단백질 분자 1개의 생성조차 막대한 시간을 주어도 어려운 과제라는 것을 확인하였습니다. 더 재미있는 사실은, 그 막대한 시간을 기다리는 동안 필요한 기능적 단백질 분자 1개가 조합된다 해도, 무수히 많은 수, $(10^{390} - 1)$개의 불필요한 쓰레기 분자들이 생겨난다는 것입니다. 우연히 생성된 기능적 단백질 분자 하나가 있더라도 막대한 쓰레기 더미에 둘러싸이게 되는 환경에서 고도로 복잡한 분자 기계들이나 효소들이 생성되길 기대한다면, 그것은 너무나 허황된 일이어서 기적을 믿는 것보다 어려운 일입니다. 해결한 문제보다 해결할 수 없는 더 많은 문제를 남기는 가설을 타당성을 갖는 이론이라 볼 수 없습니다. 따라서, '원시 지구 바다에서 생겨난 최초의 세포'가 모든 생물의 조상이라는 진화론적 생명의 기원은 '검증된 사실' 근처에도 가지 못했을 뿐 아니라 막대한 '믿음' 없이는 지탱할 수 없는 허황된 주장일 뿐입니다.

## 3) 화학진화를 포기할 수밖에 없는 이유

① 정보란?

② 빌 게이츠는                    시스템을 컴퓨터 프로그램에 비유했는
   데, 그는 DNA가 우리가 지금까지 만들어낸 어떤 소프트웨어보
   다 훨씬, 훨씬 앞선다고 말했다.

③ 스티븐 마이어는 DNA에 대하여
   "이 체계는 그것의                         에서 인간이 개발한 것과
   닮았으면서 그것을 뛰어넘는 나노 기술의 발달된 형태다"라고
   설명했다.

④ MIT 대학, 일리노이대 등의 공학자들은 DNA 방식으로 디지털
   정보를 저장하는 기술을 개발하고 있다. 만약 전 세계 디지털 정
   보를 DNA 방식으로 저장할 수 있다면, 그 용량은
   하나면 충분하다는 것이 연구 결과다. 현대의 과학기술로도 모방
   하기 너무나 어려운 고차원적 기술이 바로 DNA 시스템이다.

⑤ 의미를 전달하는 정보는 반드시 □□□□□□의 산물이기 때문에, '지성이 없는 자연이' 스스로 '복잡한 유전정보를 생성했다'고 보는 것은 난센스이다. 그 자체가 모순인 것이다. 일부 과학자들이 이런 문제를 자각하고 화학진화이론을 포기하기에 이르렀다. 과거에 화학진화를 선두적으로 주장했던 과학자 딘 캐넌은 세포를 구성하는 고분자유기화합물들이 저절로 형성될 수 없음을 인정하였고 결국 자신의 진화이론을 포기하게 되었다.

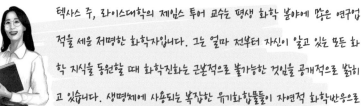

텍사스 주, 라이스대학의 제임스 투어 교수는 평생 화학 분야에 많은 연구업적을 세운 저명한 화학자입니다. 그는 얼마 전부터 자신이 알고 있는 모든 화학 지식을 동원할 때 화학진화는 근본적으로 불가능한 것임을 공개적으로 밝히고 있습니다. 생명체에 사용되는 복잡한 유기화합물들이 자연적 화학반응으로 생성될 가능성이 없기 때문입니다. 그는 그 이유들을 조목조목 제시하면서 세계의 과학자들에게 자신을 반박해 보라고 도전하고 있습니다. 그런데 투어 교수의 제안에 대해 일부 진화론자들은 화학진화가 불가능한 이유에 대해 명쾌한 과학적 반박을 하는 대신, 투어 교수의 인격을 조롱하고 그의 명예를 흠집내는 방식으로 공격을 합니다. 그리고 학계에서도 그에게 불이익을 주고 있습니다. 진화론을 지지하는 과학 집단이 투어 교수를 대하는 방식을 보면 과학적 반박이 아니라 비하나 권위 빼앗기 형식으로 창조를 믿는 사람들을 깎아 내린다는 것을 알 수 있고, 이는 우리 일상에서도 경험됩니다. 예를 들어, 인터넷 위키피디아나 유튜브 영상, 교육 방송, 국회 청문회 등에서 창조를 믿는 과학자들을 '사이비 집단'으로, 또는 창조를 믿는 사람들을 '비상식적 집단'으로 표현합니다. 설계나 창조나 젊은 연대를 지지하는 내용을 밝히는 연구는 학회에서 인정하지 않으며 논문을 받아주지도 않는 게 현실인데, 그들은 트집 잡길, 창조에 관한 논문 하나 없지 않냐, 떳떳하면 논문을 써보라는 식으로 비아냥거리기도 합니다. 모두 허수아비 공격입니다. 여러분은 어느 편에 서시겠습니까? 세상이 변하더라도 나는 하나님의 말씀이 변함없는 진리임을 믿는다는 편에 서시겠습니까? 아니면, 우주에서 '의미를 전달하는 정보 체계'가 저절로, 단지 화학반응으로 생성되었다고 믿는 편에 서시겠습니까? 아니면, 방관하시겠습니까?

## 3. 성경이 가르치는 '생명'

### 1) 생명체를 종류대로 설계하심

① 신다윈주의가 가르치는 대로 화학진화로 생겨난 하나의 세포가
우리 모두의                    이라면, 각 생물의 DNA는 서로
                 을 가지고 있어야 할 것이다. 그래서 과학교과서는
'유전정보가 흘러간다'는 표현을 쓰고 있다. 그렇다면, 정말 아메
바의 유전정보가 물고기에게로 이어지고, 물고기의 유전정보가
도룡뇽에게로 이어지고, …… 영장류의 유전정보가 유인원에게로
이어지고, 유인원의 유전정보가 사람에게로 이어지는 연속적인
관계가 각 생물의 게놈에 나타날까?

© 2024.YES Teaching Lab.

DNA가 진화적 연속성을 보여주는가

② DNA 양의 불연속성: 각 생물의 DNA 양은 '연속적이지 않다'는 것이 과학적 사실이다. 진화적으로는 단순한 생명체라고 볼 수 있는 아메바가 무려       쌍의 염기서열을 가지고 있고, 대장균은 460만 쌍, 초파리는 1300만 쌍, 생쥐는 27억 쌍, 사람은      쌍을 가진다. 아메바가 사람보다      나 많은 DNA를 가지고 있다. DNA 양은 단순한 생물로부터 복잡한 생물로 어떤 점진적 연속성을 나타내지 않는다.

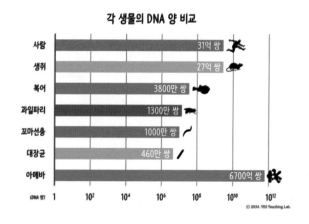

각 생물의 DNA 양 비교

③ C-Value 현상: 각 생물의 DNA 양이 같은 종 안에서는      

유지된다. 이는 유전정보가 새로 생겨나는 것이 아니라 부모로부터 자손에게 '물려져' 정보가         는 것을 확인시켜 준다. 이러한 C-Value 현상은 진화론에서는 설명하기 어려운 패러독스이지만, 성경이 가르치는 바에는 정확히 일치한다. 생물이 처음부터         창조된 후 유전법칙에 따라 DNA를 물려주며 번식해 왔음을 지지하기 때문이다.

C-Value 현상은 각 생물종의 유전정보 양이 변동해 온 것이 아니라, 유지 보존되어 왔음을 확인시켜 주는 것입니다. 우리 주변에서 다른 생물로 변해가는 중간적인 형태의 생물을 관찰할 수 없듯, 각 생물들의 DNA 정보를 비교했을 때도 각 생물의 DNA 양이 일정하게 유지되어 왔음을 보여줍니다. 만약 오랜 세월의 돌연변이 축적 결과로 없었던 조직이나 기관 등이 만들어지는 진화가 진행되어 왔다면, 무수히 많은 생물종들 사이에는 모종의 양적 변화 패턴이 나타나야 합니다. 진화는 유전정보의 증가를 반드시 필요로 하므로 C-Value 현상은 진화론에 치명적 반론이 되는 반면, 창세기 1장의 생물 창조에 대해서는 강력한 증거가 됩니다.

## 2) 생명의 주인 예수 그리스도

① 창조주 하나님께서는 모든 종류의 생물을 처음부터 완벽하게 말씀으로 지으셨다. 또한 처음부터 완전한 생식능력을 주셔서         하셨다. 성경 전체는 생명체가 물질로부터 어떤 변화를 거쳐 발생되었다거나 점진적         을 거쳐서 완벽한 생물이 되었다는 암시를 전혀 주지 않는다.

창 1:21, 창 1:24

② 신구약 성경은 모든 것이 ░░░░░░░░ 로 말미암아 창조되었다
고 가르친다. 또한 생명을 가진 피조물은 오직 '그분'으로부터
░░░░░░░ 을 얻었음을 명시하고 있다. 요한복음 14장 6절에서
예수님은 '나는 생명이다(I'm the life)'고 말씀하셨다. 이 땅의 모든
생명이 ░░░░░░ 으로부터 왔다는 말씀은 성경의 일관된 가르침
이며, 과학적 사실에도 잘 부합하는 것이다.

요 1:3-4

③ 창세기는 하나님께서 사람을 지으실 때, 흙으로 지으시고 코에 █████████을 불어 넣으셔서 비로소 ██████가 되었다고 기록한다. 물질만으로 생명체가 될 수 있다는 생각은 애초에 성경의 가르침과 거리가 먼 발상이다. 이 땅의 모든 생물들은 창조주께서 처음부터 완벽한 생명체로 창조하신 후 '번식'을 통해 생명을 얻은 것이지, '자연발생'을 통해 얻은 것이 아니다.

---

창 2:7

---

우리의 생명은 처음에 생명이신 하나님께로부터 왔습니다. 우리가 죄로 말미암아 생명이신 하나님과 끊어졌을 때, 하나님이 주신 생명을 잃어버렸기 때문에 다시 생명을 주시기 위해 예수님께서 이 땅에 오셨습니다. 예수님만이 우리에게 유일한 생명인 이유는, 생명을 주실 수 있는 유일한 분은 그분 자체가 '생명'이어야 하기 때문입니다. 그래서 창조주만이 구원자이십니다. 마치 물질의 반응으로 생명이 생겨날 수 있는 것처럼 가르치는 진화론적 생명기원론은 반예수님 사상이고, 반성경적인 사상인 것이며, 구원의 창시자이신 예수님을 가리는 반복음적 사상입니다.

우리는 이번 시간에 생명의 기원에 대한 200년 동안의 싸움을 알아 보았다. 긴 논쟁은 파스퇴르의 실험에서 종지부가 찍혔고 "생물속생의 법칙"이 확립되었음을 확인하였다. 그런데, 우리 자녀들은 여전히 생명은 수십억 년 전 원시 바다에서 화학반응에 의해 발생했다고 배우고 있다. 진화론자들은 현재의 지구와 '다른 조건'을 가진 원시지구에서는 생명이 자연발생할 수 있었을지 모른다는 가설을 세워놓고 끊임없이 진화론을 주장한다. 이제 그것도 모자라, 저 멀리 우주 어딘가에서 더 진화된 외계인이 지구에 와서 세포를 뿌리고 갔을 지도 모른다고 말하기도 한다.

그런데, 실험실에서 고도의 지성을 가진 과학자들이 원시 지구의 조건을 꾸며 놓고 '핵산'이나 '단백질 분자'를 만들어내면, 화학진화가 입증되는 것인가? 명백하게, 그런 류의 실험은 '자연적' 과정이 아니라 '인위적' 과정이고, '무작위적' 과정이 아니라 '설계된' 과정이다. 따라서 자연발생을 외치는 진화론을 지지할 수 없다. 문제는 교과서다! 사실이 무엇이건 간에 교과서를 통해 생명의 자연발생설을 가르치고 있는 한, 생명은 물질로부터 온 것이라는 신념은 계속해서 다음 세대의 생각을 장악하고 세상을 지배하게 될 것이다. 진화론 신념이 지배하는 세상에서 '창조를 믿는 사람'은 반지성적인 사람, 몰지각한 사람, 극단적인 사람, 사이비 집단, 과도하게 경도되어 있는 사람 등으로 비치며 비난을 받는 일은 사라지지 않을 것이다.

사실을 직시하려면 정직해져야 한다. 과학은 무엇을 알아내었고 무엇을 보여주고 있는가? 우리 몸에는 10만 가지도 넘는 단백질들이 있다는 것, 단백질 제조 명령서에 해당하는 유전자는 2만 5천 세트나 존재한다는 것, 그 모든 정보는 매우 복잡하게 암호화되어 나노 공간에 저장되어 있다는 것, 단백질들의 구조는 너무나 복잡해서 인간의 힘으로는 다 파악하기 힘들어 AI를 동원해 구조를 분석하고 있다는 것, 우리 몸은 지금도 DNA 명령에 따라 매초 수백만~수천만 개의 단백질을 제조하고 있다는 것, 첨단 공업단지보다 효율적인 반응들이 세포 안에서 이루어지고 있는지 그 원리를 알아내기 위해 힘쓰고 있다는 것… 등이다.

의미를 전달하는 정보! 그것 없이는 단 1초도 생명 현상은 유지될 수 없다. 한마디로, 우리의 몸은 정보 덩어리라는 것이 현대 분자생물학이 보여주는 것이다! 그 놀라운 정보 체계가 우연히 물질들의 반응으로 생성되었다는 교설을 전파하는 신다윈주의야말로 극단적인 신념체계, 편향된 해석체계, 그리고 다른 관점을 조금도 허용하지 않는 억압적인 집단주의라고 보아야 하지 않을까?

생명의 원천은 오직 하나님뿐이시다. 성경은 너무나 명확한 언어로 아들 안에는 생명이 있고, 아들이 없는 자에게는 생명이 없다고 선포한다. 여기에 우리의 의견은 중요하지 않다. 우리 스스로 생명을 만들어 내거나 유지시킬 수 없음은 자명하다. 나 자신을 '나'라고 인식하는 그 순간조차 '생명'이 없이는 존재하지 않는다. 우리는 단 한순간도 생명이신 예수님 없이는 존재할 수 없고, 살 수 없고, 구원받을 수 없다. 예수님 없이 생명을 논하는 것 자체가 거짓이다.

그래서 생명의 시작에 관한 싸움은 그 본질 자체가 영적인 것이다. 생명의 주인이 누구인지 알지 못하게 만들면 다음세대는 교회로 돌아올 수 없다. 교회는 그 어느 때보다 선명하게 생명은 오직 생명이신 예수님께로부터만 온다는 사실을 마음과 뜻과 힘을 다해 선포하고 가르치고 변증해야 할 것이다. 우리가 잠잠하면, 우리 다음 세대는 '진짜 생명'이 무엇인지, 그 잃어버린 생명을 어디서 다시 얻을 수 있는지를 찾지 않고 허무에 길들여진 길을 가고 말 것이다.

Note

# 4강
# 생물의 역사

**읽기 과제**

《나는 이렇게 창조와 진화에 대한 답을 찾았다》, 160-182p.

**필독도서**

《창세기와 생물 이야기》, 두란노, 2024

하나님께서 완전하게 창조하였는데 왜 세상에는 적자생존, 약육강식, 질병과 고통이 있는가?

과거 지질 역사는 이미 많은 생물들이 멸종했다는 사실을 보여주지 않는가?

종분화를 통해 서로 교배가 되지 않는 생물들이 생기는 현상은 또 어떻게 봐야 하는가?

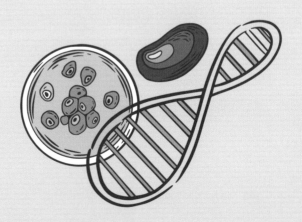

# 4강 생물의 역사 ★

근대 이후, 생물의 역사는 지질 역사 해석에 의존하며 이전 시대의 해석과 상당히 다른 방향을 향해 나아가게 되었다. 지질학이라는 학문이 생기기 시작할 무렵, 유럽의 지성인들 상당수는 '자연은 언제나 그랬을 것이다'는 균일론을 받아들이고 있었다. 이런 흐름 속에 19세기 중반 즈음, 균일론적인 전제를 생물 역사에 도입하고자 하는 사람들이 나타났다. 그들은 세상에 존재하는 다양한 동식물들이 '자연은 언제나 그랬을 것이다'는 관점으로 해석할 수 있는 원리를 찾고 싶어했다. 우리는 이러한 흐름을 '자연주의'라고 부르는데, 모든 존재와 현상을 설명하는 데 있어 초자연적인 개입을 거부하면서 인간의 이성과 경험이 접근할 수 있는 관계로만 지식을 허용하고자 한 지성적 조류이다.

대표적으로 다윈은 어떻게 다양한 생물들이 존재하는가에 대한 답으로서 처음부터 '종류대로' 완벽하게 창조되었다는 성경의 가르침을 거부하였고, 단순한 생물로부터 점진적으로 복잡한 생물이 되었다는 새로운 관점을 제시하였다. 그는 《종의 기원》을 통해 점진적 변화가 '자연 선택에 의해' 일어난다고 설명하였는데, 그것은 생물들이 아주 작은 변화를 오랜 세월 축적하면서 이전 생물과 전혀 다른 특징을 가진 생물들로 변화해간다는 것이었다. 그 후로 과학교과서는 이렇게 말한다. "환경에 가장 잘 견디는 개체가 그렇지 않은 개체보다 많이 살아남는다." "이처럼 생물이 여러 세대를 거치면서 환경에 적응하여 변화하는 현상을 진화라고 한다." 한마디로, 환경에 적합한 개체를 자연이 선택하고 그런 과정이 반복되면서 살아남은 개체들의 특징이 쌓이고 변화가 개체군으로 확산되면서 점차적으로 생물군이 바뀌어 간다는 설명이다.

진화의 역사에서 중요한 변곡점은 환경의 변화이고, 큰 환경의 변화가 있을 때 적응하지 못한 생물들은 대량 멸종하게 된다. 한편 환경 변화에 살아남은 어떤 생물들[적자]은 새로운 생물을 출현시키는 진화의 역사를 이어간다. 그래서 진화적 생물 역사는 수십억 년 출현과 멸종의 역사이다. 이것이 정말 지구의 역사라면, 자연은 원래부터 적응하지 못하는 개체는 도태되고 멸종하도록 되어 있는 것이다. 죽음과 고통은 그냥 자연 현상일 뿐이다. 인간 역시 그 장구한 출현과 멸종의 역사 끝에 어쩌다 출현한 고도의 지적 존재일 뿐이다. 이 장구한 자연사에서 죽음은 어떤 영적 의미도 가지지 않는다. 죽음은 그저 소멸일 뿐이다. 크리스천들이 '생물의 역사'를 왜 공부해야 하는지 조금 느껴지는가?

• 과학교과서가 가르치는 생물의 역사가 사실이라면, 기독교는 무엇을 잃게 되리라고 생각하는가?

• 진화론의 역사관에서 인간은 우주 역사 가장 끝에 나타난 존재로서, 우주 역사 전체에 미친 영향은 극히 적다고 보아야 한다. 이는 성경이 가르치는 역사관에 부합하는가?

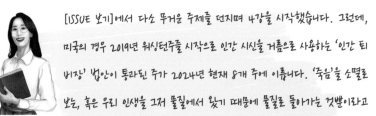

[ISSUE 보기]에서 다소 무거운 주제를 던지며 4강을 시작했습니다. 그런데, 미국의 경우 2019년 워싱턴주를 시작으로 인간 시신을 거름으로 사용하는 '인간 퇴비장' 법안이 통과된 주가 2024년 현재 8개 주에 이릅니다. '죽음'을 소멸로 보는, 혹은 우리 인생을 그저 물질에서 왔기 때문에 물질로 돌아가는 것뿐이라고 평가하는 풍조가 우연일까요? 낙태를 인권이라고 여긴다거나, 시신을 퇴비로 사용할 수 있다고 생각하는 사고 뒤에는 장구한 진화의 역사가 든든한 배경으로 있는 것입니다. '생물의 역사를 무엇으로 보느냐'가 우리의 삶에서 생명, 남녀, 가정, 결혼, 식생활(비건주의), 자녀 양육, 안락사, 죽음, 동물권, 동성애 등에 대해 어떻게 생각하고 어떤 행동을 결정하느냐에 막대한 영향을 주고 있다는 것 생각해 보셨습니까? 결코 간과할 문제가 아닙니다. 무게감이 느껴지는 주제지만, 성경은 우리에게 언제나 해답을 제시하기 때문에 신나고 즐겁게 공부해 봅시다^^

## 오늘의 스터디

## 1. 생물의 종류와 다양성

### 1) 진화론자들 스스로 인정하는 것

① 무생물과 생물 사이 단절: 조지 왈드는 생명의 기원에 대해 이야
기할 때 ░░░░░░░ 둘 중 하나의 가능성 밖에 없음을 시인한
다. 또한 그는 생명의 자연발생이 과학적으로 불가능한 것으로
판명되었음을 인정한다. 그런데 그는 ░░░░░░░ 때문에 불가능
한 것을 믿기 원한다고 하였다. 이는 ░░░░░ 과 ░░░░ 사이
를 연결해 주는 자연적(과학적) 방법은 없다는 것을 스스로 인정한
셈이다.

② 빠져버린 중간고리: 진화론이 맞다면, 단 하나의 세포로부터 시
작한 진화의 역사에서는 수없이 많은 진화의 ░░░░░░░ 들을
통해 점진적 변화 흔적이 있어야 한다. 그렇지만, 화석은 연속적
인 연결 고리들을 보여주지 않는다.

"왜 모든 지질층이 중간고리로 가득 차 있지 않을까? 지질학은 그렇게 잘 배열된 생물의 고리를 전혀 보여 주지 않는다. 이 사실이 그 이론을 반박하는 가장 분명하고 치명적인 것이다."

**다윈**(Charles Darwin, 1809-1882)

③ 진화적 조상-후손의 불연속성: 화석들은 진화적 전이과정이 아니라 오히려 　　　　　　을 보여준다. 화석들 사이에는 큰 형태적 간격들과 　　　　　　이 나타난다는 사실을 진화론자들조차 부인할 수 없다.

화석의 불연속성은 이미 다윈이 고백한 것처럼 오래전부터 인식되었습니다. 진화학계는 급기야 1980년에 시카고회의를 통해 중간단계 화석들이 연속적으로 나타나지 않는다는 사실을 인정하였고, '종의 정지'를 공식화하였습니다. 모든 화석 생물들은 처음부터 갑자기 완전한 모습으로 나타나며, 그것들의 진화적 공통 조상들을 보여주지 않습니다. 생물들의 형태적 차이 보존 = 화석의 불연속성 = C-Value 현상 = 종류가 지켜짐, 이러한 사실들은 성경이 가르치는 생물의 기원 및 생물 분류 개념과 완전히 일치하는 것입니다.

## 2) 고정된 종류와 무한한 다양성

① 성경이 말하는 생물 분류 기준: 하나님께서는 노아에게 생물들을
    [            ] 방주에 태우라고 명령하시는데(창 6:20), 그 이유를
    말씀하시기를, 모든 생물들의 [            ]를 보존하게 하기 위함이
    라고 하신다.

> **창 7:2-3** | 모든 정결한 짐승은 수컷과 암컷으로 일곱 쌍씩, 그리고 부정한 짐
> 승은 수컷과 암컷으로 두 쌍씩, 네가 데리고 가거라. 그러나 공중의 새는 수컷
> 과 암컷 일곱 쌍씩 데리고 가서, 그 [            ]가 온 땅 위에 살아남게 하여라.

② 성경은 생물을 처음부터 유전과 생식의 한계를 따라 생물들을 '종
    류'라는 단위로 구분한다.
   • 종류 1과 종류 2 = [            ]

③ 종과 종류는 무엇이 다른가? 생물 분류 체계인 '종'(species)과 '종
    류'(kind)는 둘 다 [            ]를 의미한다. 하지만, 처음에 생물
    학의 '종' 구분은 [            ]에 따라 이루어졌고, 모든 종들 사이에
    교배 여부를 확인할 수 없는 현실적인 문제로 인하여 지금까지도
    분류 체계가 '교배 여부'를 기준으로 완전히 정돈되지 못했다. 그

래서 종종 형태적으로 다른 종으로 분류되어 있으나 실제로는 교

배가 서로 가능한 경우들이 있다.

• 잘못 분류된 경우: 종 1과 종 2 = 일부는　　　　　　

생물 시간에 배웠던 생물 분류 체계 "종-속-과-목-강-문-계"에서 '종'은 가

장 하위분류 단계입니다. 같은 '속' 아래에 여러 '종'들이 포함되는데, 원칙

적으로는 다른 '종' 사이에 교배가 이루어지면 안 되지만, 현실적으로는 그렇지

않은 사례들이 있습니다. 어떤 경우는 다른 '속' 사이에서도 교배가 이루어집니

다. 그래서 창조과학자들은 '교배의 한계'로 생물들을 재분류하면, 한 생물 그룹인 '종류'가 '속' 또는

'과' 단계까지 올라간다고 보고 있습니다.


④ 잡종[종간 교배]의 사례들

• 개과에는 4개의 속이 포함되고 35개의 종이 있다. 그러나 늑대, 딩

고, 개 그룹은 모두 다른 종으로 구분되어 있는　　　　　와 교배가

가능한 것으로 보고된다.

© 2024.YES Teaching Lab.

'개과'에서 종간 잡종 보고 사례

• 고양잇과에는 16개 속이 포함되고 33개의 종이 있다. 그러나 서로 다른 종으로 분류되어 있는 사자와 ░░░░░░ 사이, 사자와 ░░░ 사이, 호랑이와 표범 사이 모두 교배가 가능하다.

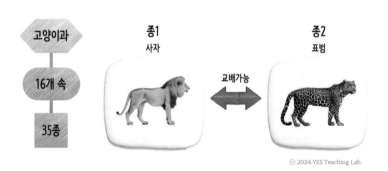

© 2024.YES Teaching Lab.

'고양잇과'에서 종간 잡종 보고 사례

• 이 외에도 서로 다른 종으로 분류된 동물들을 같은 공간에 두고 자연 교배 또는 인공 교배하여 성공한 사례들이 있다.

© 2024.YES Teaching Lab.

**개 종류와 고양이 종류**: 종류 안에서는 교배와 번식이 가능하지만, 서로 다른 종류 즉, 개과와 고양잇과 사이에서 교배하여 자손을 낳는 경우는 없다.

중간 잡종을 새로운 종을 출현시키는 사례로 볼 수 있을까요? 라이거나 타이곤 등의 중간 잡종의 사례들은 조상과 다른 새로운 후손의 출현으로 보기 보다, 원래부터 사자와 호랑이가 같은 종류의 동물이기 때문에 교배하여 자손을 낳을 수 있는 사례로 보아야 합니다. 이는 생물의 분류가 '교배의 한계'로 묶이지 않고 형태적으로 묶을 때 발생한 잘못된 분류 결과로 이해될 수 있습니다. 실제로 딩고, 코요테, 늑대, 개 등은 모두 78개로 같은 염색체수를 가지며, 사자, 호랑이, 오셀롯, 고양이 등은 38개로 같은 염색체 수를 갖습니다. DNA 양이 서로 같고 교배가 되는 범위까지를 그룹으로 설정하여 생물들을 재분류한다면, 그것은 성경의 분류체계인 '종류대로'에 가까울 것입니다. 물론, 서로 오랫동안 지역적 격리를 겪은 동물들 사이에서는 같은 종류라고 하더라도 교배가 어려운 경우들이 있습니다. 예를 들어, 환경에 적응하는 과정에서 생식과 관련된 신호나 호르몬 또는 페로몬 등의 변화로 인해 같은 종류인데 자연 교배를 하지 못하는 사례가 있을 수 있습니다. 그렇지만, 본질적으로 염색체 수나 DNA 양의 유의미한 변화가 생겨 새로운 생물을 출현시킨 것이 아니기 때문에 그러한 현상을 진화로 해석할 수는 없습니다.

④ 각 생명체는 자기 종류를 알아본다. 개나리는 개나리와 교배하고, 연어는 ▇▇▇▇ 와 교배하고, 청둥오리는 ▇▇▇▇ 와 교배하고, 낙타는 낙타와 교배한다. 조상의 DNA는 오직 생식에 의해 같은 ▇▇▇▇ 의 후손에게만 물려진다는 것이 관찰되고 반복되는 과학적 사실이며, 유전법칙이다. 따라서, 종류는 ▇▇▇▇ 되고 보존되는 것이 생물 안에 들어 있는 원리이다.

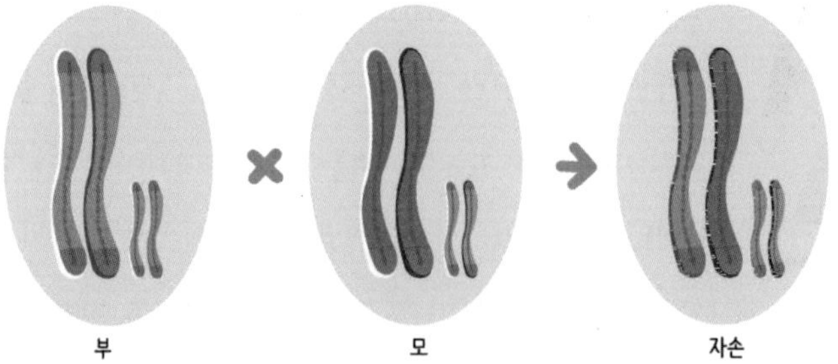
부
모
자손
© 2024. YES Teaching Lab.

유전 법칙

⑤ 생물 다양성의 근본적 이유: 그렇다면 같은 종류의 생물인데도 상당히 달라 보이는 차이는 무엇에서 비롯되는가? 서로 같은 개과 안에 다양한 모양, 색깔, 크기, 습성의 개들이 있다. 과학교과서는 생물의 다양성이 진화의 결과라고 말하지만, 실제는 하나님께서 생물 안에 넣어 놓으신 ________ 원리에 의해 실현된다.

- 재조합의 원리: 생식세포가 만들어지는 과정에서 두 벌의 유전정보 사이에서 불특정한 자리의 교환이 일어난다. 교환만 일어날 뿐 ________ 의 변화를 일으키지 않는다.
- 사람의 경우: 2만 5000개의 유전자 부위에서 재조합이 무작위적으로 일어나므로 그 가능성은 ________ 가지나 된다. 여기에 비유전자 부위까지 고려하면 그야말로 ________ 가능성을 가진다.

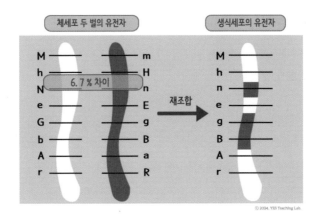

생식세포가 만들어지는 과정에서의 유전자 재조합

• 재조합의 과정에 의한 생물의 다양성은 기존에 없던 유전정보가 [    ] 되는 것이 아니기 때문에 소진화라고 부르는 것은 적절하지 않다. 이는 기존의 '종류' 안에서 무한히 다양한 후손이 나오게 하는 창조의 원리로서 [    ] 라고 표현하는 것이 적절하다.

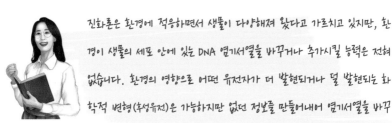

진화론은 환경에 적응하면서 생물이 다양해져 왔다고 가르치고 있지만, 환경이 생물의 세포 안에 있는 DNA 염기서열을 바꾸거나 추가시킬 능력은 전혀 없습니다. 환경의 영향으로 어떤 유전자가 더 '발현되거나 덜 발현되는 화학적 변형(후성유전)은 가능하지만 없던 정보를 만들어내어 염기서열을 바꾸지 못한다는 게 핵심이죠! 그러므로 생물의 다양성은 처음부터 각 종류 안에 존재하는 메커니즘인 유전정보의 재조합과 유전정보의 '발현 정도의 변화 등에 의해 구현되는 것이지 진화에 의해 이루어지는 것이 아닙니다. 그런 차원에서 볼 때, '적응 = 진화'라고 가르치는 과학교과서의 표현은 매우 모호하며 사실을 왜곡하는 것임을 알 수 있습니다.

## 2. 타락이 가져온 변화

### 1) 가시덤불과 엉겅퀴

① 처음 세상에 없었던 것: 처음 세상에는 종류대로 창조된 식물과
   동물, 그리고 ＿＿＿＿＿으로 창조된 남자와 여자가 살고 있었다.
   처음 창조된 세상은 하나님이 보시기에 심히 좋았던
   ＿＿＿＿＿＿＿였으며, 하나님의 특별한 공급하심으로
   ＿＿＿＿＿＿＿과 같은 현상이 없었다.

② 죄의 결과: 첫 사람의 범죄는 모든 것을 바꾸어 놓았다. 하나님께
   서는 만물을 아담 아래 두셨기 때문에 사람이 범죄했을 때, 모든
   피조물에게도 ＿＿＿를 내리셨다. 저주받은 세상에서
   ＿＿＿＿＿＿은 제한되었다. 그 결과 물리적으로도, 생물학적
   으로도, 영적으로도 ＿＿＿＿＿이 일어났으며, 세계는 타락하였다
   (fallen). 타락의 가장 근본적 결과는 바로 ＿＿＿이다.

---

**창 3:17-18** | 땅은 너로 말미암아 ＿＿＿를 받고 너는 네 평생에 수고하여야
그 소산을 먹으리라. 땅이 네게 ＿＿＿과 ＿＿＿를 낼 것이라.

---

가시덤불과 엉겅퀴

③ 피조 세계의 변화: 아담의 반역이 피조 세계에 미친 영향은 우주
적이었다. 하나님께서는 　　　　이 아담으로 말미암아 저주를 받
는다고 말씀하셨다. 그 결과 척박해졌고 생산성이 크게 감소했다.
식물계에도 악성 변화가 일어나 　　　　　　　를 내게 되었다.
독초, 해충, 병균 등이 생겨났으며, 나쁜 기질이나 　　　　　등도
생겨나게 되었다.

롬 8:20-22

로마서 8장은 타락 상태의 지구를 정확히 서술하고 있습니다. 피조물이 '허무한 데 굴복'했다는 표현은 의미심장합니다. 성경은 썩어짐과 고통, 그리고 죽음이 피조물 자신에 의해서 이루어진 것이 아니라, '굴복하게 하시는 이'에 의해서 그렇게 되었다고 말합니다. 다시 말해, 허무와 썩어짐과 신음과 해산의 고통은 자연이 원래 그래왔던 모습이 아니라, 외적 요인에 의한 강등된 상태이며 회복을 고대하고 있는 모습입니다. 무엇이 피조물 전체를 허무와 탄식으로 좌절시키는 원인이 되었을까요? 갈라디아서 3장은 "그러나 성경은 모든 것이 죄 아래에 갇혔다"(22절, 새번역)고 말합니다. 피조물은 아담의 죄 때문에 저주를 받아 허무에 굴복되었고, 그로 인해 모든 것은 죄 아래 갇히지 않은 것이 없게 되었습니다. 따라서, 피조물의 신음과 썩어짐과 고통과 죽음은 아담의 범죄라는 역사적 사건에 기인하는데, 자연 현상이 아니라 '허무에 굴복시키신 이'에 의한 조치가 영적인 영역뿐만 아니라 물리 세계 전체에 영향을 미쳤다는 것이 성경의 가르침입니다.

## 2) 돌연변이의 실체

① 돌연변이의 결과: DNA 복제 과정에서 발생하는 ▇▇▇▇▇▇에 의해 생긴다. 대부분의 돌연변이는 몸의 자체 시스템에 의해 수정되거나 겉으로 표현되지 않는다. 그러나 종종 매우 치명적인 결과를 만들기도 하는데, 예를 들어, ▇▇▇▇▇▇▇▇은 Lamin A라는 단백질 유전자 정보의 단 한 개의 염기 서열에 돌연변이가 일어나 조로증을 유발한다. 또, ▇▇▇▇▇▇▇▇은 말초신경을 형성하는 PMP-22 유전자의 중복 돌연변이로 발생한다. 증상으로 말초신경의 수초를 손상시켜 근위축, 감각상실, 발가락의 휘어짐, 마비 등을 일으킨다. 의학 연구들은 돌연변이가 수많은

유전병을 일으킨다고 보고하고 있다.

② 아이러니: 문제는 의학 논문에는 돌연변이가 ▢▢▢▢ 으로 보고되고 있지만, 생물학 교과서에서는 돌연변이가 생물의 다양성을 만들어내는 '진화의 원리'로 소개되고 있다는 것이다. 하지만 지금까지 돌연변이를 더욱 일으켜서 질병을 해결하거나 생물들의 조직을 개선할 수 있다는 보고는 없다.

③ 돌연변이의 실체: 돌연변이는 생물을 ▢▢▢ 시키는 원리가 아니라 기존의 좋은 정보 세트에 오류를 만들어 문제를 일으키는 ▢▢▢▢ 의 원리이다. 저주받은 세상의 ▢▢▢ 을 알려 주는 현상인 것이다.

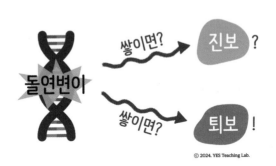

돌연변이 축적의 결과는 무엇?

④ 각 생물의 유전정보는 언제 가장 완벽한 상태였을까? 유전학자 존 샌포드에 의하면, 시간이 흐를수록 각 생물의 게놈은 돌연변이의 축적으로 ▢▢▢▢ 해지고 있다. 따라서 거슬러 올라가면

이 가장 좋았던 상태였음을 알 수 있다. 이는 하나님이 보시기에 좋게 창조하셨고 타락으로 인해 나쁜 변화가 시작되게 되었다는 　　　　의 역사 증언과 완전히 일치하는 사실이다.

긍정적 돌연변이라는 것이 있을까요? 진화론자들이 주장하듯, 바람이 강한 섬에서 사는 딱정벌레에게 '날개를 잃는' 돌연변이가 발생했을 때 날지 못하므로 바람에 떠밀려 갈 확률이 낮아지면 그 섬에서 생존율이 높아질 수 있을 것입니다. 그러나 있던 날개를 상실시키는 돌연변이를 겪은 딱정벌레는 결코 다시 날개를 획득할 수 없습니다. 돌연변이는 기존의 염기서열에 발생한 복제 오류이기 때문에, 언제나 기존 정보의 손상을 가져옵니다. 그 결과가 아주 드물게 생물이 환경에 적응하는데 약간의 도움을 줄 수 있을지 모릅니다. 그러나 이런 것을 진화 원리라고 말할 수 있을까요? 진화는 없던 정보를 만들어내는 과정을 필요로 하는데, 기존의 좋은 정보를 훼손해 기능을 잃어버리게 하는 것은, 결코 진보가 아니라 '상실'일 뿐입니다.

# 3. 노아홍수 이후 생물계 변화

## 1) 방주와 생물

① 방주 용량: 하나님께서는 살과 피를 지닌 모든 짐승과 새를 방주에 태워 그 '종류대로' 살아 남게 하라고 명령하셨다(창 7:19-20). 방주의 용량부터 확인해 보자. 방주의 크기는 1규빗을 48cm로 계산했을 때, 길이가 약 144m로 　　　　보다 길고, 높이가

14.4m로 건물 5-6층 높이이다. 방주의 부피는 화물용 컨테이너 [            ] 정도가 들어가는 매우 거대한 크기였다.

② 방주에 탄 동물들: 방주에는 '종류'를 생물 분류 단위 '속'으로 계산했을 때 포유류, 조류, 파충류, 양서류를 포함하여 약 [            ]를 태우면 되는데, 이는 방주 전체의 약 15% 정도 밖에 차지하지 않는다.

켄터키주의 ARK ENCOUNTER

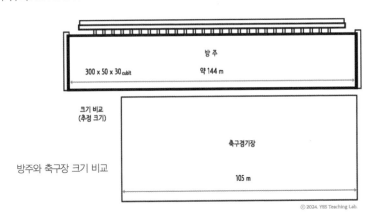

방주에 코로 숨 쉬는 생물들을 '종류대로' 태우는 일은 과학적으로 검토해 보아도 실제성에 아무런 문제가 없습니다. 하나님께서는 처음에 종류대로 창조하신 생물들을 대홍수 후에도 생육하고 번성하게 하실 계획이셨기 때문에 동물들을 종류대로 방주에 태우셨습니다. 처음에 모든 동물들에게 푸른 풀을 먹을거리로 주셨기 때문에(창 1:30) 생태계는 먹고 먹히는 먹이사슬 관계에 의해 유지되는 시스템이 아니었습니다. 그러나 타락 후 악성 변화들이 생겨나기 시작했고 공격성과 같은 기질적 변화도 동반되었을 것으로 보입니다. 그렇다 하여도 드라마틱한 생태계의 변화는 방주에서 나온 이후 심화되었을 것으로 보입니다. 코로 숨쉬는 육지동물들이 모두 종류대로 방주에 탔고, 1년여 시간 동안 방주 안에 머물렀고, 노아의 가족이 동물들을 태우고 돌보는 일에도 심각한 어려움이 없었던 것으로 볼 때, 지금 우리가 보고 있는 동물들의 먹이사슬 관계는 노아홍수가 끝난 후에 두드러지게 나타나게 변화를 가지게 되었다고 추론해 볼 수 있습니다.

## 2) 대홍수 후 생물

① 대홍수 후 생태 변화: 대홍수가 끝난 후 하나님께서는 노아에게 먹을거리의 변화가 있을 것이라고 말씀하신다. 처음 세상에서는 동물과 사람에게 오직 　　　　　만을 먹을 거리로 주셨지만, 대홍수 후에는 육식이 　　　　　되었다. 사람과 동물들과의 관계에도 변화가 있었는데 하나님께서는 그것들이 사람을 두려워하게 될 것이라고 알려주셨다. 이를 통해 대홍수 전후에 지구 환경 및 생태계에 큰 변화가 있었음을 알 수 있다.

**창 9:1-3 |** 하나님이 노아와 그의 아들들에게 복을 주시며 말씀하셨다. "생육하고 번성하여 땅에 충만하여라. 땅에 사는 모든 짐승과, 공중에 나는 모든 새와, 땅 위를 기어다니는 모든 것과, 바다에 사는 모든 물고기가, **너희를** [          ] **너희를** [          ] 것이다. 내가 이것들을 다 너희의 손에 맡긴다. 모든 산 동물은 너희의 [          ]이 될 것이다. 내가 전에 푸른 채소를 너희에게 먹거리로 준 것 같이, 내가 이것들도 다 너희에게 준다."

② 먹이사슬: 흔히 날카로운 이빨은 무조건 사나운 동물, 혹은 육식 동물을 의미한다고 생각한다. 그런데 서로 먹고 먹히는 [          ] 관계는 분명 [          ]의 모습이 아니다. 또, 방주에서 나온 후 육식을 허락하신 것으로 보아 노아홍수 이전에는 [          ] 관계가 뚜렷하지 않았다고 보는 게 자연스럽다.

**사자, 판다, 과일박쥐의 두개골 비교:**
이빨 모양이 육식의 증거가 될 수 있나?

방주에서 나온 동물들은 다시 드넓은 지구에 퍼져 나가 번성하게 되었을 것입니다. 대홍수 후 지구환경은 대홍수 이전보다는 열악해졌지만 동물들이 전지구에서 생육하고 번성하기에 충분히 좋았습니다. 넓은 지역으로 흩어진 동물들은 수적 번성과 더불어 그룹 간의 격리로 인한 빠른 종분화를 겪었을 가능성이 있습니다. 전보다 더 험난해진 지형과 기후 변화 등으로 인해 사는 지역에 따라 환경에 적응하며 기질의 변화가 서로의 차이를 벌이게 하였을 것입니다. 생물 그룹 간의 교류 단절, 변화된 환경에의 적응, 먹이 부족에 의한 경쟁, 사람들의 포획 등의 과정을 거치며 생태계는 빠른 변화를 거쳤을 것입니다. 이 과정에서 먹이사슬(포식자-피식자)의 관계도 점차 형성되었을 것입니다. 주의할 것은 이러한 기질 변화가 유전정보의 염기서열을 증가시키는 것은 아니라는 것입니다. 생물의 기질이나 형태의 다양화 및 수명 변화 등은 기존 유전정보의 발현 정도에 따라 조절될 수 있기 때문에 종류를 넘어가는 변화가 아닙니다.

③ 대홍수가 가져온 물리적 변화:          사건은 우주 역사에서 피조물에 가장 큰 변화를 초래했다. 그에 못지 않게          는 전 지구의 환경을 크게 바꾸어 놓았다. 창세기 족장들의          를 자세히 살피면 초기 역사의 격변적인 변화를 읽어낼 수 있다. 타락 후 900년 이상의 수명이 평균적이었다면, 대홍수 전에 태어난 노아의 아들 셈은          의 수명을 살았고, 대홍수 후에 태어난 족장들은 갑자기          로 수명이 감소되었음을 확인할 수 있다.

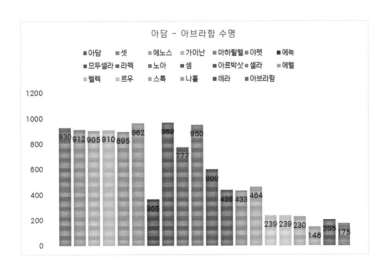

아담 - 아브라함 수명

■아담 ■셋 ■에노스 ■가이난 ■마하랄렐 ■야렛 ■에녹
■므두셀라 ■라멕 ■노아 ■셈 ■아르박삿 ■셀라 ■에벨
■벨렉 ■르우 ■스룩 ■나홀 ■데라 ■아브라함

창세기 족장들의 수명 변화

 그럼에도 불구하고 대홍수 후 환경이 지금보다 나빴다고 생각하는 것은 오해입니다. 현재 우리는 풍족한 식량과 의약품의 발전으로 100세 시대가 되었다는 자부심을 갖고 있습니다. 하지만 대홍수 후에도 조상들은 400세 이상의 수명을 누렸습니다. 당시 수명에 영향을 미치는 물리적인 환경과 먹거리의 질이 지금보다 훨씬 좋았고 스트레스가 적은 상황이었음을 짐작하게 합니다. 그럼~ 이제, 현재의 모습과 달랐던 대홍수 이후 지구 환경과 그때 살았던 생물들의 흔적을 찾아 떠나봅시다.

사하라 사막에서 발견된 니게르사우르스 화석

④ 대홍수 후 지구 환경 증거들: 대홍수 후 환경이 어느 정도였는지
가늠할 수 있는 증거들을 찾아보자. 첫째, 당시에는          이
없었다. 사하라 사막이나 고비 사막, 모하비 사막 등 현재는 매우
건조해서 생물들이 거의 살지 않는 지역들에 과거에는
이 풍부해야 살 수 있는 다양한 생물들이 섞여 살았던 흔적이 남
아 있다. 둘째, 북극 남극과 같은          가 없었다. 당시에는
          에도 식물과 물이 풍부해서, 하루에 수백 킬로그램의
풀과 수백 리터의 물을 먹는          와 비손과 코뿔소 같은
동물들이 가득 살고 있었다. 우리는 이런 시대를
라고 부른다.

**습윤사막시대에 살았던 동물들**
울리매머드, 파라세라데리움, 자이언트 그라운드 슬롯, 검치호랑이, 아이리쉬 엘크

대홍수 후 지구 기후는 '따뜻한 해수'의 영향을 받아 전 지구가 온난 습윤했습니다. 그래서 특정 환경에 잘 적응한 생물들이 살아가는 지역적 차이가 필요하지 않았습니다. 위도라 상관없이 모든 지역에 생물들이 살아가기 좋았던 환경이었기 때문에 당시 전 지구의 생물 분포를 가장 잘 표현하는 말이 '부자연스러운 공동체'입니다. 이 말은 지금의 관점에서 보면 함께 사는 게 부자연스러운데, 당시에는 한데 어울려 살았던 다양한 동물들을 일컫는 것입니다. 즉, 습한 지역, 건조한 지역, 따뜻한 지역, 차가운 지역 등의 구분이 크게 없었으므로 모든 동물들이 섞여 살았던 흔적을 남긴 것입니다. 그런데... 어느 때부터 거대한 동물들이 지구에서 사라지기 시작했습니다. 갑작스러운 대량 멸종이 일어났습니다. 생물계에 발생한 가장 큰 변화로 기록되는 이 사건은 일반 과학계에서 그 원인을 잘 설명할 수 없어서 미스터리로 꼽힙니다. 그러나 노아홍수 이후에 발생한 빙하기에 대한 이해를 하면 쉽게 설명됩니다. 이제 생물 역사의 마지막 거대 퍼즐을 맞추러 가봅시다.

## 3) 빙하기를 거치며 일어난 변화

① 빙하기: 빙하기에 지구는 육지의 3분의 1이 [          ]으로 덮였으며, 북반구는 약 700m, 남반구는 약 1,200m 두께로 눈이 내렸다. 그래서 빙하기를 설명하려면, 다량의 [          ]이 내리는 조건을 해명할 수 있어야 한다. 그것은 단지 차가운 [          ]만으로는 빙하기가 형성될 수 없음을 의미한다.

② 빙하기의 두 가지 조건: 대홍수 후 따뜻한 해수의 증발로 인해 다량의 [          ]가 공급되는 상황에서, 초대형 화산들의 폭발로 인해 [          ]가 대기 중에 공급되어 많은 에어로졸이 성층권에 머물면서 햇빛을 [          ] 조건이 필요하다. 그러면, 다량의 눈이 내리고 [          ]에도 눈이 녹지 않는 서늘한 조건이 형성될 수 있다. 이 두 조건을 동시에 갖추기는 매우 까다로운데, 보통 기온이 낮아지면 해수의 온도도 낮아지기 때문이다. 그러나 노아홍수는 해저에서 다량의 [          ]로 인해 해수의 온도가 상당히 높았기 때문에 지구에 빙하기가 닥칠 수 있는 유일한 조건을 제공한다.

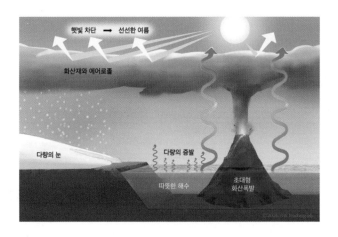

햇빛 차단 → 선선한 여름

화산재와 에어로졸

다량의 눈

다량의 증발

따뜻한 해수

초대형 화산폭발

빙하기의 조건 상상도

실제로 빙하기에 다량의 눈이 내려 해수면은 120미터나 내려갔으며, 이로 인해 대륙붕이 드러났고, 사람과 동물들은 모든 대륙을 육지처럼 건너갈 수 있었습니다. 더불어 빙하기에도 눈이 많이 내리지 않는 지역들(해안가, 저위도 지역 등)은 따뜻한 해수의 영향으로 다양한 생물들이 서식할 수 있는 환경을 갖추고 있었습니다. 그래서 여전히 시베리아 일대에도 매머드, 비손, 공룡 등이 살고 있었습니다. 빙하기라 해빙기를 거치며 기후 변화가 크게 닥치자 동물들과 사람들은 더 좋은 환경을 찾아 대륙과 대륙 사이를 건너는 대이동을 반복했으며, 그 이동 흔적들을 남겼습니다. 당시 베링 해협을 건너 아시아 대륙에서 아메리카로 건너가거나, 말레이지아 군도를 거쳐 오스트레일리아로 이주하는 일들이 빈번하게 일어났습니다.

③ 해빙기: 초대형 화산 폭발이 수그러들면 햇빛을 차단하고 있던          가 거두어지면서, 빙하는 순식간에 녹게 된다. 눈 녹은 물은 바다로 흘러들어가,          을 급격히 낮추게 되고, 해수면을          시키게 된다. 이로 인해          은 침수되었고,

다시 지구 기후는 큰 변화를 겪게 된다.

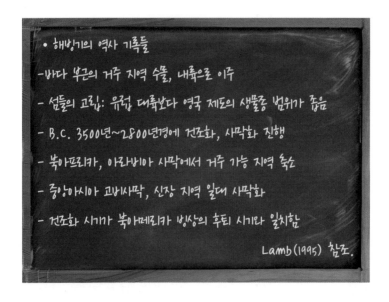

④ 차가워진 해수와 기후 변화: 적도와 극 지역 간의 심한 [        ]를
   유발하고, 중위도 지역에 [          ]가 진행되었다. 극지역에는 여
   전히 [      ]가 남아 한대기후를 형성하였다. 동토와 사막의 형성
   으로 전 지구적으로 생물의 서식지는 매우 감소하였으며, 극심한
   [              ]가 공존하는 열악한 지구 환경이 되었다.

⑤ 대량 멸종 사건: 서식지 변화, 건조화, 기후 변화, 섬들의 고립,
   위도별 기온 차이 심화 등은 [            ]과 적응 범위가 좁은 동
   물의 [        ]을 가져왔다. 실제로 유라시아 대륙에서는 [        ]
   를 겪으며 포유류 4분의 3이 멸종된 것으로 보고되었다. 대홍수

때도 보존되었던 생물들의 종류가 빙하기 후 급격히 감소하게 된 것은 서식지 감소와 기후 변화가 가장 큰 요인이었을 것이다. 그야말로 전 세계에서 진행된                    이었다.

노아홍수와 빙하시대에 대한 성경적 이해는 생물학적 대격변인 '대량 멸종'의 원인을 잘 설명해줍니다. 또한 급격한 해빙에 의한 기후변화와 그에 따른 서식지 및 식량 감소, 그리고 더 나은 환경을 찾기 위한 동물들의 대이동을 이해하게 합니다. 또한 해빙 후에 다시 해수면이 높아져 다른 대륙으로 이동했던 동물들과 사람들이 다시 돌아올 수 없었던 상황을 잘 설명합니다. 흩어진 동물들과 사람들은 각자가 거주하게 된 그곳에서 급변하는 기후에 적응하며 살아가야 했습니다. 이 과정에서 자연선택과 종분화가 급속하게 이루어졌고, 사람들도 소집단의 유전적 특성이 강화되며 다양한 피부색이 형성될 수 있었습니다. 창조과학자들은 빙하기가 성경의 바벨탑 사건과 관련되어 발생했을 것으로 봅니다. 하나님께 집단으로 반역한 사람들을 흩으시기 위해 언어의 혼잡과 더불어 물리적 조치를 취하신 것으로 해석하는 것입니다. 그 결과 민족들은 전 세계로 분산되었고 다양한 인종과 문화를 이루며 살아가게 되었습니다.

　죽음과 멸종, 고통과 신음의 역사는 생물의 처음 모습이 아니다. 생물은 처음에 완전하게 "종류대로", 전능하시고 선하신 하나님이 보시기에 심히 좋게 창조되었다. 인간의 범죄로 말미암아 피조세계에 썩어짐과 허무함이 들어왔다. 이는 '굴복하게 하신 이'에 의해 그렇게 된 것으로 자연의 원래 모습이 아니다. 오히려 죄로 인해 처음 세상의 영광을 잃어버리고 신음하고 고통하고 있는 모습이다.

　그러나 진화론은 이 죽음과 고통의 역사를 '진보의 과정'으로 둔갑시켰다. 먹고 먹히는 관계, 피흘림, 적자생존, 자연선택, 돌연변이, 노화와 질병, 반복적 멸종은 모두 죄로 인해 강등된 모습인데 마치 '진보'를 일으키는 과정처럼 착각을 일으킨다. 그러나 성경은 명확하게 '보시기에 좋았던' 처음 세상이 죄 때문에 저주를 받았고, 그 결과 가시덤불과 엉겅퀴가 났으며 땅과 생태계에 질적 변화가 일어났다고 가르친다. 역사상 지구에서 일어난 가장 큰 사건인 이 '타락'을 이해하지 못하면 과거 역사와 현재 피조물의 상태를 해석하는데 큰 문제를 일으키게 된다. '저주' 상태를 원래 자연이 그런 상태인 줄로 아는 오해를 출발점으로 삼게 되는 것이다.

　첫 조상의 범죄 이후로, 하나님은 구원의 길을 알려주셨음에도 불구하고 인류는 하나님 앞에서 반역을 멈추지 않았다. 그 결과로 거대한 격변인 대홍수와 빙하기를 겪어야 했다. 대홍수는 지구물리적으로 최대의 격변이었고, 빙하기는 기후와 생물계의 최대 격변이었다. 성경의 틀에서 세계를 해석하기를 거부하는 진화론은 창세기의 이 중요한 사건들을 수십억 년 지질시대로 바꾸어 버렸다. 그 결과 창조-타락-대홍수-빙하기의 역사는 지워지고, 고생대-중생대-신생대-구석기-신석기의 가짜 역사만 남았다. 그러나 진화의 역사틀로는 처음부터 완벽한 형태로 나타나는 화석들, 유전정보 양의 보존, 돌연변이로 인한 유전정보의 무질서, 해빙기와 맞물린 생물의 대량 멸종 사건 등을 해명할 수가 없다. 오랜 진화의 역사는 실제 지구의 역사가 아니다.

그러나 참된 증인이신 예수님께서 계시로 알려주신 '창조-타락-대홍수-바벨탑'의 틀로 생물의 역사를 해석하면 과거의 일도, 현재의 상태도 너무나 명쾌하게 해명된다. 증거들은 창세기가 가르치는 거대 사건들이 이 땅에서 일어난 실제 사건임을 가리키고 있다. 이제 하나님의 말씀에 기반해서 건전한 상식을 가지고 참된 지질 역사, 참된 생물 역사를 배우고, 날조된 역사를 거부해야 한다. 그래서 성경의 참된 역사틀로 과거와 세계를 해석해내야 한다.

그러면, 생물들이 처음부터 지금까지 "종류대로" 살아왔음이 보이게 될 것이다. 출현과 멸종의 반복이 아니라 대홍수와 빙하기의 대격변으로 많은 생물들이 화석화되고 멸종하였음이 보이게 될 것이다. 저주의 결과 발생하기 시작한 돌연변이와 환경 악화로 인해 인류에게 노화와 질병이 증가해 왔음이 보이게 될 것이다. 인간의 산업활동 때문이 아니라 우리의 범죄에 대한 하나님의 조치로 피조물이 신음하고 있음이 보이게 될 것이다. 그러면 비로소, 피조물들이 고대하고 있는 해방의 날이 오직 예수 그리스도를 통해서 이루어질 것임을 알게 될 것이다. 진짜 역사는 산 소망이신 예수님을 바라보게 하지만, 가짜 역사는 예수님을 가리고 거부하게 만든다. 진짜 역사는 예수님께서 이루실 일들에 가슴 뛰게 하지만 가짜 역사는 이 세상이 주는 만족에 종속되게 만든다.

# Note

# 5장
# 화석 바로 보기

**읽기 과제**

《나는 이렇게 창조와 진화에 대한 답을 찾았다》, 20-26, 47-53p.

진화의 안경 없이 화석을 볼 수 있을까?
창조의 안경으로 보면 더 명확하게 보일까?
나도 욥처럼, 다윗처럼, 바울처럼 고백할 수 있을까?

# 5강 화석 바로 알기 ⭐

## ISSUE 보기

과학자들은 화석 생물이 고생대-중생대-신생대에 살았다는 것을 어떻게 알았을까? 교과서는 말한다. "약 46억 년 전 태양계의 탄생과 함께 생긴 지구에는 지금까지 수많은 생명이 나타났다 사라져 갔다", "그동안 바닷속에만 살았던 생물은 마침내 고생대 중기에 육지로 진출하였고, 새로운 생물종이 생겨났다", "환경 변화에 따라 지구에서는 크게 5번의 대멸종이 있었다" 등. 수십억 년 출현과 멸종의 진화 역사 속에 언제는 어떤 생물이 나오고, 언제는 어떤 생물이 사라지고, 언제는 어떤 생물이 번성하고...... 이것이 우리가 과학 시간에 배운 지질 시대 역사다. 진화론은 도대체 이 모든 사실들을 어떻게 알았을까?

1800년 대로 들어오면서 찰스 라이엘을 대표로 하여 지질학자들은 '균일론적 전제'를 지질 해석에 도입하였다. 과거에 지층이 쌓인 규모와 속도를 현재의 변화 속도에 맞춰 해석하는 시도였다. 과학자들이라도 과거를 연구하는 일에는 큰 제약이 있다. 어느 누구도 그 시점으로 돌아가 지층과 화석의 형성 과정을 관찰할 수 없고, 그 과정을 재현시킬 수도 없기 때문이다. 그래서 먼 과거를 연구하는 일에는 언제나 '전제'를 필요로 하는데, 어떤 전제를 놓느냐가 어떤 결론을 도출하느냐에 지대한 영향을 미친다는 사실을 기억할 필요가 있다. 단지 결과만 듣거나 수용하는 태도는 바람직하지 않다.

근대 과학기에 균일론자들은 지층의 퇴적속도를 수천 년에 1cm 정도로 추산하였고 그 값을 동일하게 과거 해석에 적용했다. 지층이 쌓인 속도가 고정되니, 지층의 두께는 곧 시간이 되었다. 지층 해석에 둔 이 균일론적 전제는 화석을 해석하는 데에도 지대한 영향을 주었다. 지층 안에 들어 있는 화석 생물들은 자연스럽게 아주 오래 전 지구에 살았던 생물들이 되었고, 어느 지층에 포함되어 있느냐에 따라 그 생물이 살았던 시기가 정해지는 결과를 낳았다.

지질시대표에 따르면 각 지층에 포함된 화석들은 그 지층이 쌓이던 시대에만 살았던 생물군이 된다. 왜냐하면 한 시대(기)의 지층이 쌓이는 데 수백만 년 이상 걸리므로, 거기에 포함된 생물들은 그 시대만을 반영한 것으로 본 것이다. 이런 관점에 기반하면 아래 지층으로부터 위 지층으로 오랜 세월에 걸쳐 생물군이 변해 왔다는 해석이 가능해진다. 자, 그러면 화석들은 정말 오랜 지구 역사와 진화론적 순서를 드러내 보이고 있는지, 아니면 다른 것을 암시하고 있는지 확인하러 가보자.

• 지층이 쌓이는 속도가 느리다고 전제하는 것과
  빠르다고 전제하는 것은 화석 해석에서 어떤 차이를 만드는가?

• 수억 년 전에 살았다고 하는 화석 생물들이 어떤 생물인지 이름을 붙이고 그
  종류를 분류할 수 있는 것은, 그 긴 시간 동안 생물계에 획기적인 변화가 있
  었다는 것을 보여주나, 없었다는 것을 보여주나?

# 1. 화석 발견에 숨겨진 이야기

## 1) 모양의 변화가 진화적 경향?

① 고생물학에 따르면 삼엽충은 고생대라는 약 3억 년의 기간 동안 바다에서 번성했으며, 페름기 말에 멸종했다. 그 엄청난 시간 동안 삼엽충이 다양하게 진화하였다고 보는데, 그 증거로 삼엽충의 　　　변화를 제시하고 있다.

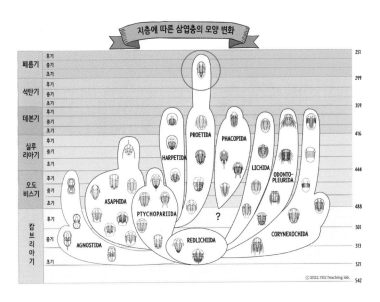

고생대 삼엽충의 모양 변화

② 고생물학에는 아래 지층으로부터 위 지층으로의 화석들 형태의
변화를 '진화'라고 규정한다. 삼엽충의 경우 아래와 같은
███████ 이 나타난다고 해석하고 있다.

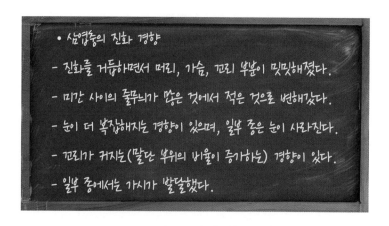

• 삼엽충의 진화 경향
- 진화를 거듭하면서 머리, 가슴, 꼬리 부분이 밋밋해졌다.
- 마디 사이의 줄무늬가 많은 것에서 적은 것으로 변해갔다.
- 눈이 더 복잡해지는 경향이 있으며, 일부 종은 눈이 사라진다.
- 꼬리가 커지는(말단 부위의 비율이 증가하는) 경향이 있다.
- 일부 종에서는 가시가 발달했다.

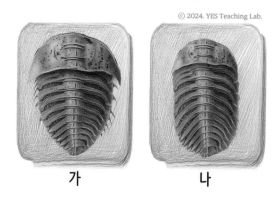

가            나

두 종류의 삼엽충 (가), (나)

• 진화 경향을 적용하면 아래 두 삼엽충 중에 어느 쪽이 더 진화된 것
인가? ███████

• 만약, 어느 고생물학자가 강원도 태백에서 '가'와 같은 삼엽충을 발견하면 그 지층이 어느 시기에 쌓였다고 판단하게 될까?

삼엽충 (가)와 (나)의 예시를 통해 '아하~ 고생물학자들은 화석의 모양을 보고 그 지층의 시대를 알아내는구나' 하는 것을 알게 되셨을 거예요. 그럼, 고생물학자들은 어느 생물이 어느 시대에 살았던 생물인지 어떻게 알았을까요? 또 세계 여러 지역에 분포하고 있는 각각의 지층들을 무엇을 기준으로 해서 수직적 순서를 매길 수 있었을까요?

③ A~D라는 4개의 연속된 지층이 있다고 할 때, A층에 묻힌 삼엽충이 D층에 묻힌 삼엽충보다 수억 년 전에 살았다고 판단하려면, 먼저 지층이 쌓이는 속도가 매우          는 전제가 필요하다. 그 전제에 근거해서, A층에 묻힌 삼엽충과 D층에 묻힌 삼엽충은 결코 만난 적이 없는 다른 시대의 삼엽충이며, 서로          이 달라진 것은 오랜 시간 진화의 결과라고 해석하는 것이다.

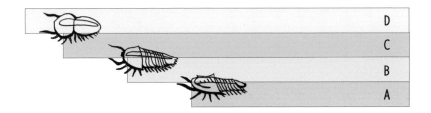

연속된 지층(A~D)에 묻혀 있는 삼엽충 화석들

- 지층과 화석 해석에 숨겨진 두 전제
- 지층은 매우 [          ] 쌓인다.
- 화석의 모양 변화는 오랜 세월의 [          ]의 결과이다.

④ 만약 어느 고생물학자가 우리나라 삼척에서 삼엽충 (나)를 발견했다면, 그 지층은 자연스럽게 [          ] 지층이라고 해석되고, 삼엽충 (가)를 발견한 지층보다 약 2억 년 후에 생성된 것으로 연대가 매겨질 것이다.

• 화석 생물의 [          ]이 지층의 시대를 결정하고, 다시 지층의 순서가 화석 생물의 [          ]를 결정하며, 그 순서가 [          ]이 되는 것을 볼 수 있다.

• [          ] : 결론이 이미 전제에 포함되어 있는 논증의 오류이다. 실제로는 밝힌 것이 없는데, 위 예에서 진짜로 삼엽충 (가)가 캄브리아기에 살았는지, 삼엽충 (나)가 페름기에 살았는지, 지층 A가 캄브리아기에 쌓였는지, 지층 D가 페름기에 쌓였는지에 대한 근거는 없는 것이다. '모양 변화 – 지층의 순서 – 생물의 출현 순서 – 진화 경향'이라는 일련의 추론은 서로의 [          ]에만 의존할 뿐 실제 증거가 없다.

이쯤에서 '엇, 그럼 그 화석의 연대를 직접 측정해 보면 확인이 될 거 아녜요~?'라고 생각하는 분들이 계실 거예요. 좋은 생각입니다. 그런데, 진화론계에서는 화석의 연대를 측정하지 않아 왔습니다. 적어도 지질시대표(선캄브리아기-고생대-중생대-신생대)가 완성되기까지 화석 연대를 측정한 과학자는 없습니다. 왜 측정을 안 했냐고요? 그 이유는 화석에 대한 연대 측정은 '탄소동위원소연대측정법'을 적용해야 하는데, 이 방법은 최대 6만 년 정도까지만 신뢰할 수 있기 때문에, 수억 년 되었다는 화석의 연대에 적용할 수 없겠다는 생각 때문입니다. 그럼, 진화론자들은 측정하지 않았지만 지금이라도 '우리가 해보면 될 거 아닌가요?'라고 생각하실 텐데요. 맞습니다. 그 이야기는 6강에 가서 하겠습니다.

## 2) 지층이 연속적으로 퇴적되었다면?

① 이제 지층과 화석에 대한 해석 방법을 뒤집어 보자. 만약 지층이 한 층, 한 층 천천히 쌓인 게 아니라, 매우 빠르게 연속적으로 퇴적되었다면, 어떤 해석이 가능해질까? 예를 들어, 삼엽충이 바다 바닥을 기어다니고 있는데 퇴적물이 연속적으로 밀려와 여러 층이 짧은 시간 안에 만들어지고,          살고 있었던 다양한 삼엽충이 화석이 된 것이라면? 이런 경우가 사실이라면, 퇴적물이 아직 부드러울 때, 삼엽충들이 흙을 뚫고          으로 이동할 수도 있었을 것이다.

② 지질학자들은 놀랍도록 잘 보존된 삼엽충 화석 무덤에서 삼엽충이 기어간          이 보존된 지층들을 보고 있다. 또한 그 위의

층에서 기어올라간 것의 　　　　가 발견되는 사례들을 다수 발견해왔다. 이러한 흔적들은 지층이 한 층 한 층 천천히 쌓여 '한 층 = 한 시대[수백만 년]'라고 해석하는 관점에 상당한 타격을 준다.

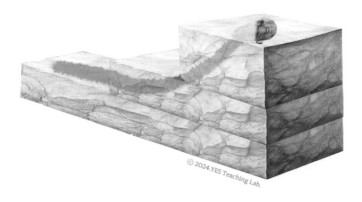

© 2024.YES Teaching Lab.

삼엽충이 연속된 여러 지층을 뚫고 기어오른 모습 상상도

③ 여러 개의 층이 연속적으로 퇴적된 것이라면, 지층과 화석에 대한 세 가지 새로운 해석이 가능하다.

- 여러 층이 연속적으로 퇴적되었다면, 지층의 두께는 오랜 시간이 아니라, 퇴적물을 이동시킨 [ ]를 보여 주게 된다.
- 지층의 순서를 시대의 변화로 해석할 수 없으므로, 화석의 모양 차이는 진화의 경향 또는 패턴이 아니라 [ ]이다.
- 아래층의 생물이나 위의 층의 생물이 [ ] 서로 다른 서식지에 살다가 매몰되었다면, 과거에도 현재처럼 다양한 생물들의 [ ]하였음을 알 수 있다.

④ 세계 도처에 남겨진 공룡 발자국 화석도 연속적인 퇴적을 지지한다.

공룡 발자국 화석이 형성된 상황 상상도

- 공룡 발자국이 화석이 되려면, 지층이 축축하고 [          ] 때 공룡 이 지나가야 한다.

- 공룡의 발자국이 [          ] 전에 다른 퇴적물이 밀려와 그 위를 덮어야 한다.

- 그다음 지층이 융기하여 물기가 빠지고 딱딱하게 [          ] 이 신 속하게 이어져야 한다.

- 시간이 흐르며 위의 지층은 [          ] 되고 아래층의 발자국 화석이 드러나게 된 것이다.

- 여러 지층을 한꺼번에 밟은 공룡 발자국 화석은 어떤 관점에서 더 잘 해석되는가? [                              ]

⑤ 콜로라도 주립대의 피에르 줄리안 박사의 퇴적 실험은 지층이 어 떤 조건에서 연속적으로 형성되는지를 보여주었다.

- 줄리안 박사는 거대한 수조를 설계해 가는 모래와 굵은 모래를 섞 은 뒤 물과 함께 [          ] 흘려보냈다.

- 빠르게 이동하는 물 밑에서 흙들이 따라 [              ] 가는 모 래와 굵은 모래가 분류되어 뚜렷한 줄무늬를 갖는 지층을 만들었다.

- 지층의 줄무늬는 [          ] 의 산물이 아니고 퇴적물이 많은 [        ] 과 함께 [            ] 이동할 때 형성되는 것임을 확 인 하였다.

## 2. 화석이 지지하는 것

### 1) 전이과정이 아니라 갑작스러운 출현

① 진화론에 의하면 한 생물종이 출현하기까지 전 단계로부터의 ▨▨▨▨ 이 무수히 많아야 한다. 완벽한 생물 하나가 나오기까지 불완전한 조직이나 기관을 가진, 즉 진화 중인 시험용 생물들이 연속적으로 존재해야 하는 것이다. 화석은 정말 그런 변화의 과정을 보여주는가?

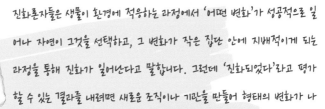

진화론자들은 생물이 환경에 적응하는 과정에서 '어떤 변화'가 성공적으로 일어나 자연이 그것을 선택하고, 그 변화가 작은 집단 안에 지배적이게 되는 과정을 통해 진화가 일어난다고 말합니다. 그런데 '진화되었다'라고 평가할 수 있는 결과를 내려면 새로운 조직이나 기관을 만들어 형태의 변화가 나타나야 합니다. 우리는 앞에서(3강에서) 돌연변이의 축적으로는 아무리 긴 시간을 주더라도 그런 획기적인 변화가 일어날 수 없으며 무질서만 증가시킨다는 것을 확인했습니다. 진화의 증거로서 화석에 요구되는 것은 바로 그런 획기적인 변화를 위한 무수한 시행착오의 흔적입니다. 한 번에 완벽한 조직이나 기관이 나타난다면 그것은 진화가 아니라 기적일 테니까요. 그럼, 이제 무엇을 보아야 하는지 분명해졌습니다. 만약 화석에 무수한 시행착오적인 형태의 변화가 나타난다면 우리는 돌연변이 이론을 재검토해야 합니다. 그런데, 화석에도 점진적 전이 과정이 나타나지 않는다면, 화석과 돌연변이 이론 둘 다 진화가 불가능함을 확증하게 됩니다.

② 삼엽충을 다시 보자. 삼엽충 화석은 가장 아래 지층에서 어떤 모습으로 나타났나? 삼엽충은 캄브리아기 층에서 이미 다양한 종들이 동시에 나오고 모두         모습으로 나타난다.

- 삼엽충을 평생 연구한 리처드 포티는 "캄브리아기 지층 바닥에서 어떻게 다양한 형태의 삼엽충들이 갑자기 나타나는 것일까? 그들의       은 어디에 있는가? 왜 그        은 볼 수 없는 것일까?" 라고 하소연(?)했다. 이런 현상은 다른 생물들에게도 보편적으로 나타난다.

③ 캄브리아기 폭발: 모든 고생물학자들이 인정할 수밖에 없는 현상은 캄브리아기 지층에서        매우 다양한 종류의 생물들이 나온다는 것이다. 이 현상은 강력한 양적 증거들을 가지고 있다.

**캄브리아기 폭발**: 진화론이 예상하는 공통조상들 없이 완벽한 생물들이 다량 나옴.

- 캄브리아기 지층에서 산출되는 생물 종류가 무려        문 (phyla)에 이른다. 이는 현대에 알고 있는 주요 동물 그룹의 절반에 이른다.

- 곤충은 알려진 모든 것의           가 진화적 조상 없이 바로 나타난다.

④ 진화의 단계에 있어서 중요하게 해명해야 하는 것 중 하나는      의 형성이다. 무척추동물이 척추동물로 변하는 과정 말이다. 해양무척추동물화석은 매우 많아서 확인할 수 있는 자료는 충분하다 못해 넘친다. 그러나 그 어디에도 척추가 있는      로의 단계적 변화 과정은 없다. 우리는 완벽한 다양한 종류의 물고기 화석들만 발견할 뿐이다.

⑤ 자연사 박물관에서 진화의 증거로 즐겨 전시하는 고래의 진화 역시 진화론의 선전 내용과 매우 다르다.
- 고래 진화 가설은 파키세투스(완전한 육상동물)에서        에 걸친 점진적인 변화를 통해 현대 고래와 같은 완전한 해양생물로 바뀌었다는 것이다.

파키쎄투스에서 현대 고래로 800만 년에 걸친 진화?

- 고래 진화의 전문가인 징거리치 박사가 제시한 로도세투스 화석을 보면, 해양생물임을 보여주는 증거는 분명하지 않다. 칼 워너 박사는 로도세투스 화석의 손과 발에 　　　　가 없었고, 　　　　는 발견조차 되지 않았음을 확인했다.

**로도세투스 상상도**: 화석 증거는 물갈퀴와 지느러미를 지지하지 않는다

- 현대 고래와 가장 가까운 바실로사우르스 화석은 완전한 형태로 　　　　　 출현한다.

과학 영상과 수많은 과학 책들은 고래의 진화에 대해 어떻게 소개하고 있습니까? 마치 완벽한 육상동물이 완벽한 해양 동물로 바뀌는 연속적인 진화의 증거가 있는 것처럼 선전합니다. 우리 주위에 하이에나와 돌고래와 수달과 고래가 동시대에 사는 것이 낯선가요? 전혀 그렇지 않습니다. 만약 그 각각의 동물들의 뼈 구조를 그려놓고 비슷한 순서로 배열하여 그것이 진화의 증거라고 하면 설득력이 있을까요? 그것은 단지 동시대에 살고 있는 종류가 다른 동물들에 대한 비교일 뿐입니다. 서로 교배가 되는 것도 아닙니다. 그럼, 우리가 지층에서 발견한 여러 동물들의 화석들에 대해서는 어떻습니까? 육상동물 화석과 해양동물 화석 여러 개를 발견해 비슷해 보이는 점들을 찾아 임의의 순서로 진열하면 그것이 진화의 증거가 되는 것일까요? 이미 그 화석들은 서로 다른 종류로 분류될 만큼 형태적, 유전적 차이가 크기 때문에 그저 과거에 살았던 고유한 종류의 생물일 뿐입니다. 진화의 증거가 되려면 없던 조직과 기관이 생성되어가는 전이과정을 보여주어야 합니다. 그런데 화석은 끊임없이 불연속성을 보여줍니다. 각각의 종류 사이의 간격이 메꿔지지 않습니다. 왜 화석으로 발견하는 새우, 소라, 불가사리, 해파리, 성게, 물고기, 잠자리, 나비, 거미, 거북이, 개구리, 박쥐 등 수없이 많은 생물들이 현재와 거의 같은 모습일까요? 정말 수억 년 전에 살던 생물이었다면 그때 모습과 지금 모습이 많이 달라서 우리가 알아보지 못해야 하는 것이 아닌가요? 화석 생물들의 불연속성은 생물의 종류가 변해온 적이 없음을, 오히려 종류가 계속 보존되어 왔음을 분명하게 밝혀주는 것입니다.

## 2) 눈으로 주님을 뵙습니다

생물 안에서 완벽한 것을 따지자면 너무 많지만 화석 생물의 '눈'에 대해 살펴보겠습니다. 진화론자들이 눈과 같은 정교한 기관이 어떻게 우연한 돌연변이의 축적으로 생겨날 수 있었는지 설명하는 것은 정말 난감한 일입니다.

① 진화론의 연대에서 진화 초기라고 할 수 있는 고생대 초기부터 절지동물의 눈은 완벽한 모습으로 나타난다.

곤충의 겹눈

- 겹눈: 곤충은 겹눈을 가지는데, 수천 ~수만 개의 ░░░░░░이 모여 볼록한 반구의 형태를 이루고 있다. 이러한 겹눈 구조는 고개를 돌리지 않고도 ░░░░░░도의 넓은 시야를 확보할 뿐 아니라, 대상과 거리가 멀어도 선명한 영상을 얻을 수 있다. 공학자들은 절지동물의 눈을 모방하여 초소형 초광각카메라를 개발하고 있다.

② 삼엽충의 눈: 삼엽충 역시 겹눈 구조를 가진다. 이들은 ░░░░░░으로 이뤄진 수백~수만 개의 렌즈를 장착하고 있다. 삼엽충 눈이 가진 렌즈의 성능과 배열이 얼마나 정교한지 깊은 바다 속에서도 선명하게 사물을 감지하고 먼 거리까지 시야를 확보할 수 있었다.

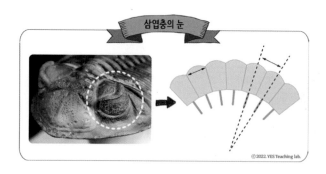

삼엽충의 겹눈

③ 삼엽충 눈이 가진 최첨단 렌즈 및 고도의 광학 디자인

- 삼엽충 중에 패콥스 종은 현대 현미경이나 망원경에 사용되는 이중
  복합렌즈를 가졌던 것으로 밝혀졌다. 이는 볼록렌즈의 색이 번지는
  현상인 □□□□□를 개선하는 최첨단 렌즈로서, 빛이 번짐없이
  정확히 한 점에 초점이 맺어지도록 두 종류의 렌즈가 각각 다른
  □□□□로 조합되어 수백 개 이상 배열되어 있다.

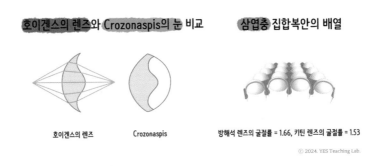

호이겐스의 렌즈와 크로조나스피스(Crozonaspis)의 눈 비교 / 삼엽충 집합 복안의 배열

- 최근에 미국국립표준기술연구소(NIST) 과학자들은 '달마니티나 소
  셜리스'라는 삼엽충의 특이한 눈 구조로부터 영감을 얻어 가까운 물
  체와 먼 물체를 동시에 촬영하는 초소형 □□□□□ 카메라를 개발하
  였다. 최고의 공학자들이 왜 고대 생물의 눈에서 영감을 얻는가? 그
  속에서 □□□□□에 의한 무작위적 메커니즘이 아니라 고도의 복잡
  성과 수학과 물리학이 총동원되어야 하는 최첨단 □□□□□를 보고
  있기 때문이다. 생물체마다 가득가득 고도의 설계가 들어 있는데, 설
  계자는 없다? 그것이 맞는 생각일까?

일찍이 레비 세티 박사는 "삼엽충은 매우 고차원적인 물리 문제를 해결했으며 페르마의 원리, 아베의 사인법칙, 스넬의 굴절법칙, 복굴절 결정의 광학에 대해 알고 있었던 것으로 보인다"라고 말했습니다. 어떻게 진화 초기의 생물이 오늘날 과학자들이 연구해도 그 원리를 이해하기 어려운 광학적 구조를 가지고 있는 것일까요? 어떻게 멸종해버린 고생대의 해양무척추생물이 오늘날 공학자들에게 최첨단 광학장치들을 개발하도록 영감을 불어넣고 있는 것일까요? 고도의 물리법칙들을 종합한 것이 삼엽충의 '눈'이라면, 적어도 그것을 설계한 분은 매우 지혜로우신 분이어야 하지 않겠습니까? 과학의 발달은 창조주를 부인하는 것이 아니라 오히려 피조물 안에 넣어 놓으신 창조주 하나님의 능력과 신성을 더 선명하게 보여줍니다. 그것을 보면서 찬양할 것인가, 설계를 거부할 것인가는 오직 각 사람의 선택에 달렸습니다.

④ 세계에 대한 해석은 우리의 눈이 [          ]과 같은 방향을 바라볼수록 온전해진다. 시대가 바뀌고 세상 풍조가 변해도 우리의 믿음과 생각을 성경으로 돌이켜 우리가 성경에 맞춰야 하지, 성경을 우리에게 맞추어서는 안 될 것이다. 우리의 눈이 정상으로 회복된다면, 세계에서 창조주 하나님께서 하신 일이 보이고, 예수 그리스도께서 받으셔야 할 영광이 보이게 될 것이다.

• 다윗의 고백

**시편 104:24 |** 주님, 주님께서 손수 만드신 것이 어찌 이리도 많습니까? 이 모든 것을 주님께서 [          ]로 만드셨으니, 땅에는 주님의 [          ]으로 가득 합니다.

• 바울의 고백

**로마서 1:20-21 |** 이 세상 [          ] 때로부터, 하나님의 보이지 않는 속성, 곧 그분의 영원하신 능력과 신성은, 사람이 그 지으신 [          ] 깨닫게 되어 있습니다. 그러므로 사람들은 [          ]를 댈 수가 없습니다. 사람들은 하나님을 알면서도, 하나님을 하나님으로 영화롭게 해드리거나 [          ]를 드리기는커녕, 오히려 생각이 [          ], 그들의 지각없는 마음이 [          ].

• 히브리서의 고백

**히브리서 11:3 |** 믿음으로 우리는 세상이 [          ]으로 지어졌다는 것을 깨 닫습니다. 보이는 것은 [          ]에서 된 것이 아닙니다.

　지질학에 오랜 시간을 도입한 찰스 라이엘은 자신의 목표가 지질학을 '모세로부터 해방'시키는 것이라고 말했다. 찰스 라이엘을 존경하여 생물의 역사도 균일론적으로 해석하고 싶었던 찰스 다윈은 점진적인 변화의 축적으로 생물의 기원을 설명하는 이론을 내놓았다. 그의 목표도 역시 라이엘과 같이 생물학을 '모세로부터 해방'시키는 것이었을 것이다. 두 찰스의 목표는 지구의 역사를 창세기로부터 떼어내는 것이었다. 진화론적 오랜 역사는 인간의 사고를 성경으로부터 해방시키고자 했던 17~19세기 계몽주의와 자연주의 철학의 산물이다. 그들은 창세기의 '실제 역사' 대신 느리고 점진적인 변화 과정이 오늘날의 지질과 생물들을 형성시켰다는 '균일론적 가짜 역사'를 구성해 내었던 것이다.

　지구와 생물이 오직 균일한 변화만을 겪어왔다는 가정은 '자연' 혹은 '우주'가 전부이고, 우주 외에는 아무것도 없다고 생각하는 유물론적 관점에서 비롯된다. 진화에는 우주만물을 설계하고 다스리는 '실체'가 없어야 하니 '우연적' 변화 외에 달리 선택할 게 없다. 초자연적 개입을 불허하고 현재 관찰과 경험에 의존해서 과거를 해석한다는 생각은 얼핏 중립적이고 객관적인 것처럼 느끼게 한다. 하지만 피조 세계를 설명하는 데 있어 오직 자연적 과정만을 고집하는 것 그 자체가 하나의 커다란 신념 구축이다. 이러한 신념 체계는 하나님께서 계획과 목적을 가지고 행하신 일들의 주체를 '창조자'에서 '자연'으로 바꾸어 놓는다. 그래서 지층을 보아도, 화석을 보아도, 살아있는 생물을 보아도 하나님께서 행하신 일과 인간의 범죄로 말미암은 조치 대신 우연적 과정으로만 '보이게' 사고틀을 바꾸어 놓는다.

그러나 하나님께서는 욥에게 물으신다. "네가 누구이기에 무지하고 헛된 말로 내 지혜를 의심하느냐? 이제 허리를 동이고 대장부답게 일어서서, 묻는 말에 대답해 보아라. 내가 땅의 기초를 놓을 때에, 네가 거기에 있기라도 하였느냐? ... 네가 철을 따라서 성좌들을 이끌어 낼 수 있으며 큰곰자리와 그 별 떼를 인도하여 낼 수 있느냐? ... 욥은 대답해 보아라. 말에게 강한 힘을 준 것이 너냐? 그 목에 흩날리는 갈기를 달아 준 것이 너냐? ... 매가 높이 솟아올라서 남쪽으로 날개를 펴고 날아가는 것이 네게서 배운 것이냐?"(욥 38:2-4; 32; 39:19, 26). 무슨 말씀인가? 광활한 우주의 별자리들로부터 지구와 생물들, 그 모든 것의 이치와 속성을 하나님께서 홀로 지혜와 능력으로 설계하셨고 지으셨고 지금도 여전히 다스리고 계신다는 말씀이다. 피조 세계에 대해 완전히 아는 분은 창조주 하나님 뿐이시다.

우리가 하나님을 힘써 알기를 사모하고 그분의 말씀을 경외하고 주님의 영광과 위엄을 맛보기를 갈망하는 하나님의 백성들이라면, 만물 가운데서 그분의 능력과 신성이 보여야 한다. 그러면 그분 앞에 엎드려 욥과 같이 고백할 수밖에 없을 것이다. "주님이 어떤 분이시라는 것을, 지금까지는 제가 귀로만 들었습니다. 그러나 이제는 제가 제 눈으로 주님을 뵙습니다. 그러므로 저는 제 주장을 거두어들이고, 티끌과 잿더미 위에서 앉아서 회개합니다."(욥 42:5-6) 만물에 대한 주권이 하나님께 있음을 인정하는 시작은 하나님께서 말씀대로 행하신 '창조'와 '섭리'를 그대로 믿고, 그 관점으로 세상을 바라보는 것이다. 눈이 가려져 하나님께서 행하신 일들이 보이지 않는가? 그렇다면 우리도 욥과 같이 회개를 해야 할 것이다. 진화론과 여러 헛된 사상으로 어두워진 우리 눈에 안약을 바르고 깨끗한 지각으로 다시 세상을 보면서 눈으로도 주님의 말씀을 뵙고, 틀림없이 성경대로 이루시는 하나님만을 온 마음 다해 찬양하는 우리들이 되자.

Note

# 6강
# 연대 문제와 세계관

**읽기 과제**

《나는 이렇게 창조와 진화에 대한 답을 찾았다》, 89-97p.

오랜 연대는 당연하게 받아들여지는데, 젊은 연대는 왜 거부감을 줄까?

교회 안에서도 지구의 연대를 성경에 근거해서 말하기가 어려운 이유는 무엇일까?

우리에게 지금 필요한 '모드'는 무엇일까?

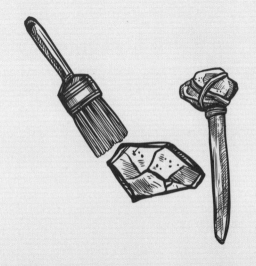

# 5강 연대 문제와 세계관 ★

지구의 역사를 이해하는 데 있어서 지층과 화석만큼 대중에게 큰 영향을 끼쳐온 것도 없을 것이다. 그랜드캐니언을 방문하는 대부분의 사람들은 광대한 지층을 보면서 '장구한 세월'을 떠올린다. 국내에서 지질공원이나 자연사 박물관에 방문해도 마찬가지다. 부모 또는 교사들은 견문을 넓히기 위한 목적으로 아이들을 데리고 견학을 가지만, 도서관과 과학관, 그리고 박물관 등에서 얻게 되는 지식은 다름 아닌 진화론적 오랜 연대와 진화론적으로 재구성된 지구 역사뿐이다.

지구과학 교과서는 너무나 당당하게 "화석으로 발견되는 생물군은 시간이 지나면서 다양하게 진화해 왔으므로 이를 이용하면 지층의 상대 연령이나 지층이 형성된 지질 시대를 알 수 있다."고 서술하고 있다. 화석이 그 지층이 언제 쌓였는지 '시대'를 알려주는 기능을 할 수 있는 이유가 "생물군은 시간이 지나면서 다양하게 진화해 왔으므로"라고 한다. 그런데 우리는 이미 화석이 생물군의 진화를 보여주는지 아닌지 5강에서 정리하였다. 다윈 시절부터 줄곧 화석이 진화의 연속적 패턴과 순서를 보여줄 것이라고 기대했지만 그런 증거들은 없다. 그렇다면 더이상 화석이 지층의 시대를 결정하는 역할을 해서는 안될 것이다.

고등학교 1학년 과학 교과서는 "삼엽충으로 유명한 강원도 영월과 태백 일대는 고생대에 퇴적된 지층으로, 당시에는 바다였다. 바다에서 퇴적된 셰일과 석회암층에서는 다양한 삼엽충 화석과 완족류, 필석 등 고생대 해양 생물 화석이 많이 발견된다."고 서술한다. 지질학자들에게 강원도 영월과 태백 일대의 지층이 '고생대(5억 4100만 년 전 ~ 2억 5200만 년 전)'에 쌓였음을 어떻게 알았냐고 물으면, '삼엽충, 완족류, 필석 화석들'이 그걸 알려준다고 말할 것이다. 그래서 다시, 삼엽충, 완족류, 필석 등의 해양 생물이 '5억 4100만 년 전 ~ 2억 5200만 년 전'에 살았다는 것을 어떻게 알았냐고 물으면, 암석의 나이가 그걸 알려준다고 할 것이다. 이제 우리는 지구의 역사를 성경적으로 이해하고 해석하는 데 있어서 마지막 하나의 장애물만을 남겨둔 상황이다.

지구의 참된 역사를 이해하기 위해 여정을 함께 하고 있는 여러분을 축복한다. 조금만 더 힘내고 끝까지 가보자. 연대문제는 청년층의 질문이 가장 많이 모이는 부위이기도 하니 정신 바짝 차리고 공부해보자. 남들에게 설명할 수 있도록 명쾌하게 정리하자.

• 학교에서 배운 표준화석은 시대를 결정하는 화석이다.
  그런데 표준화석들의 연대는 탄소동위원소 연대측정법으로 측정되지 않았다.
  그럼, 그동안 우리가 박물관과 과학책에서 보아온 화석의 연대들은
  어디서 온 것인가?

• 생물의 진화를 믿지는 않지만
  지구가 수십억 년 되었다는 것에는 동의한다는 크리스천들이 있다.
  이런 입장을 교회 안에서 허용할 수 있다고 생각하는가?

## 1. 측정이 아니라 결정된 연대

### 1) 화석이 어떻게 지층의 나이를 알지?

① 지질시대표의 시간축(세로)은 고생대-중생대-신생대가 표시되고, 각 시대는 여러 [            ]를 포함한다. 예를 들어, 고생대는 7개의 기로 세분된다. 그리고 표의 안쪽에는 각 '기'를 대표하는 [            ]들이 그려져 있다.

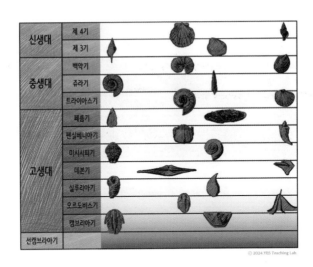

지질시대표와 표준화석

- 생물층서학 교과서는 "화석을 기반으로 [            ]를 정하고" 있으며 지층의 연대 측정을 위한 가장 좋은 도구가 [            ]이라고

서술하고 있다.

② 표준화석: 지질학자나 고생물학자들은 애초부터 어떤 화석이 특
   정 지층 범위에서 나오면 그 생물은 [        ]에만 살았던 것
   으로 해석해 왔다. 지층이 매우 느리게 형성되었다는 가정은 특
   정 지층에서만 나오는 생물을 특정 시대를 [        ] 생물종으
   로 만들어 '표준 화석'이라는 권위를 부여했다.

   • 예시 1) 어느 지역 지층에서 삼엽충 Proetida 종 화석이 발견되었다
     면, 그 지층은 어느 시대에 쌓인 것으로 연대가 결정될까?

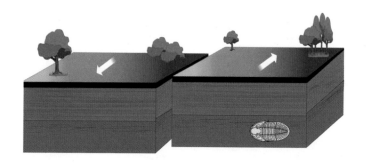

화석으로 지층의 연대를 산출하는 사례

   - 그 지층의 연대는 어떻게 결정되었는가? [        ]
   - 동일한 지층에서 조개나 필석과 같은 다른 화석들이 발견된다면, 그
     화석들이 살았던 시대는 어떻게 결정되겠는가?

● 예시 2) 고생물학 대학 교재에 나오는 바다나리 화석들은 오르도비스기~쥐라기까지 그 연대가 무려 &#9608;&#9608;&#9608;&#9608;&#9608;&#9608; 정도 차이가 난다. 이런 해석에 의하면, 오르도비스기의 바다나리보다 쥐라기의 바다나리는 더 진화된 바다나리라고 보아야 한다.

- &#9608;&#9608;&#9608; 만으로는 여러 바다나리가 완전히 다른 시대로 분류될 이유가 없어 보인다. 단지 바다나리들이 발견된 각 지층의 &#9608;&#9608;&#9608;&#9608;&#9608; 에 의해 연대가 매겨졌기 때문에 서로 다른 시대로 매겨진 것이다.

- 바다나리들이 현대 바다에도 다양하게 살고 있는데 과거의 모습과 큰 차이가 없다. 우리가 명확히 알 수 있는 것은 바다나리는 처음부터 완벽한 바다나리였고, 바다나리가 아닌 것에서 바다나리로 변해온 과정이 없으며, &#9608;&#9608;&#9608; 바다나리가 공존하고 있다는 것뿐이다.

③ [5강에서 이미 살펴 보았듯이] 퇴적 실험은 여러 층이 &#9608;&#9608;&#9608; 또한 각 층이 매우 빠르게 퇴적된다는 것을 보여주었다. 지층의 &#9608;&#9608;&#9608;&#9608; 가 매우 느렸다면 화석은 오랜 시간 전에 매몰된 것으로 볼 수 있지만, 빨랐다면 화석은 그렇게 해석할 이유가 없어진다. 이처럼 전제가 &#9608;&#9608;&#9608; 의 결과를 결정한다.

수억 년?
아니면
짧은 시간에 연속적?

© 2024. YES Teaching Lab.

지층 퇴적 속도와 시간 문제

정리하면, 표준화석이 지층의 나이를 알려줄 수 있었던 이유는 두 가지 전제, 즉 1) 화석은 진화의 순서를 보여준다, 2) 지층이 매우 느린 속도로 형성되었다는 두 가정에 입각하는데, 이것들이 신뢰받을 수 없다면 표준화석은 시대를 알려주던 자리에서 내려와야 한다.

 어떤 분들은 그 화석이 들어있는 '지층'에 대해 연대를 측정했기 때문에 진화론적 지질연대는 매우 신뢰로운 것이라고 반박하기도 합니다. 오우~ 그런데... 지질학에서 '지층' 즉 퇴적암은 '방사성동위원소연대측정법'으로 연대를 측정하는 대상이 아닙니다. 그 이유는 퇴적암은 기존 암석이 침식을 받아 모래나 흙 같은 퇴적물이 이동해다서 쌓인 것이기 때문에 입자들이 나타내는 연대는 해당 퇴적암의 연대가 아니게 되죠. 적어도 기존 암석이 형성되던 시기는 퇴적암이 생성된 시기보다 앞설 것입니다. 더군다나 침식과 퇴적이 진행되는 과정에서 많은 변동을 받았기 때문에 퇴적물들은 방사성 동위원소를 고스란히 간직하지 못합니다. 그래서 퇴적암, 즉 지층에는 방사성동위원소연대측정법을 적용하지 않습니다.

## 2) 암석의 연대는 신뢰로운가?

① 기본적으로 방사성 동위원소 연대측정법의 측정 대상은 [            ] 이다. 화성암은 마그마가 관입하거나 분출한 후 냉각에 의해 굳

어서 만들어진다.

② 화성암이 형성된 시점부터 불안정한 방사성 동위원소(모원소)가 붕괴되어 안정한 원소(자원소)로 바뀌면, 처음에 있었던 모원소의 양은 줄어들고 반대로 자원소는 증가하게 된다.

불안정 방사성 동위원소의 붕괴 결과: $^{238}U \rightarrow {}^{206}Pb$

• 만약,          가 일정하다면, 일정 시간 동안 얼마큼의 모원소가 얼마큼의 자원소로 바뀌었는지 알 수 있다. 예를 들어 실험실에서 측정되는 우라늄-238의 반감기는 약 45억 년이다. 이 말은 처음에 우라늄-238이 10개 있었다면, 45억 년 후에 모원소는          줄어들고, 자원소인 납-206을          가 늘어난다는 뜻이다.

③ 문제는 우리가 모르는 값들이 있다는 것이다. 1) 그 암석이 만들어진 시점에 우라늄-238이 몇 개 있었는지 알 수 없다. 즉 모원소의          을 모른다. 2)          납-206이 처음에 얼마만큼 포함되었는지도 모른다. 다시 말해, 현재 암석 속에 들어 있는 자원소의 양이 순전히 우라늄-238의 붕괴 산물인지 알 수 없다

는 말이다.

처음에 광물 안에 모원소가 얼마 있었는가?

처음에 광물 안에 자원소가 얼마 있었는가?

현재 암석 속에 있는 자원소는 모두 붕괴의 산물인가?

붕괴

© 2024. YES Teaching lab.

방사성동위원소 연대측정에 대한 의문들

④ 방사성 동위원소들의 반감기는 대부분 엄청 [        ]. 원래 가진 양의 50%가 줄어드는데, 수억 ~ 수백억 년 걸린다. 그러니, 현재 암석에 있는 자원소가 처음에 아주 [        ]이라도 들어 있었다면, 암석의 연대는 매우 [        ] 계산될 것이며 큰 오차를 만들어 낼 수 있다. 그래서 [        ]을 알 수 없다는 것은 치명적인 문제점이다.

| 모원소 | 자원소 | 반감기 |
|---|---|---|
| $^{238}U$ | $^{206}Pb$ | 약 45억 년 |
| $^{232}Th$ | $^{208}Pb$ | 약 140만 년 |
| $^{87}Rb$ | $^{87}Sr$ | 약 470억 년 |
| $^{40}K$ | $^{40}A$ | 약 13억 년 |
| $^{14}C$ | $^{14}N$ | 약 5700 년 |

여러 방사성동위원소의 반감기

⑤ 방사성 동위원소 연대측정에 의한 암석의 나이를 실제 암석의 나이라고 받아들이려면 세 가지 가정이 틀림없다는 것에 동의해야 하지만, 아래 세 가지 값들은 누구도 확인해 줄 수 없다.

- 방사성 동위원소의             에 대한 가정
- 암석이 생성된 이래로 지금까지 방사성 원소의 붕괴 속도가                  는 가정
- 외부로부터 보태 지거나 외부로 잃어버린 양이 전혀 없다는 가정

## 2. 연대의 불일치 문제

### 1) 탄소동위원소 연대측정을 해보니...

① 화석에 대한 연대 측정은 암석과 달리, 탄소 동위원소 연대측정법을 적용해야 한다. 화석은 과거에 살았던 생물의 흔적이므로 생물체의 주요 성분인        를 가지고 있다. 그중 탄소-14는 불안정하여             로 붕괴한다.

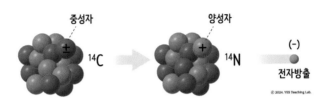

**14C의 붕괴 과정**: 불안정한 탄소동위원소는 붕괴하여 질소 기체가 된다

② 탄소-14는 50%가 붕괴되는데 약 〔      〕년이 걸린다. 반감기가 긴 광물 원소들에 비하면 탄소의 반감기는 매우 〔      〕편이다. 탄소-14는 붕괴되면 질소 기체로 날아가 버리기 때문에 자원소를 측정할 수 없다. 따라서, 모원소인 탄소-14의 양이 얼마나 〔            〕를 계산하여 연대를 계산한다. 그런데 반감기가 〔      〕정도 지나면 더 이상 화석 안에 있는 탄소-14가 검출될 만큼 남아 있지 않게 된다.

③ 진화론을 신뢰하는 지질학자와 고생물학자들은 화석의 연대를 측정하지 않아 왔다. 이유는 화석 안에 탄소-14가 〔      〕〔            〕고 믿기 때문이다. 반대로, 화석에서 탄소-14가 검출되고 연대가 측정된다면 그것은 무엇을 의미하는가? 적어도 화석이 지층 속에 묻힌 지 10만 년이 채 되지 않았음을 의미한다. 그러면 수백만 년 ~ 수십억 년 되었다는 〔          〕은 무너지게 된다.

④ 놀라운 사실은 화석과 다이아몬드의 탄소연대를 측정한 여러 사례에서 항상 탄소-14가 검출되었다는 것이다.

- 3,200만 년 되었다는 백악기 지층에 있었던 나무 화석: 〔      〕
- 1억 2천만 년 되었다는 백악기 하부 지층에 있었던 암모나이트 화석들: 평균적으로 〔          〕
- 9마리의 공룡 화석에 대해 10명의 젊은 과학자들이 측정한 결과: 〔          〕

- 고생대, 중생대, 신생대의 지층들에서 채취한 10개의 석탄 샘플: 그 중 고생대 석탄 샘플들은 각각 44,500년, 54,900년, 51,800년, 48,300년으로 계산되었다.
- 수십억 년 되었다는 선캄브리아기의 다이아몬드:

진화론적 오랜 역사가 틀림없는 사실이라면, 왜 아직도 많은 화석들에 탄소-14가 남아 있는 것일까요? 또, 전 세계에서 수많은 화석들이 발견되어 있는데, 왜 진화론자들은 탄소동위원소 연대측정법으로 화석의 나이를 측정해보지 않을까요? 게다가 진화론 학문계는 수십억 년이라는 진화의 역사와 맞지 않는 연구는 조작, 오염, 음모론 등으로 치부하면서 외면하거나 비난하고 있습니다. 한편, RATE 프로젝트를 수행한 창조과학자들은 과거 지구 대기에는 탄소-14가 지금의 대기보다 적은 비율로 있었을 것으로 예측했습니다. 왜냐하면, 지구의 자기장이 측정 이래로 점점 약화되고 있기 때문에, 라거를 거슬러 올라간다면 과거 지구는 지구장이 더 강해서 우주선이 지금보다 적게 유입되고, 그 결과 대기 중의 탄소-14가 생성되는 양이 더 적기 때문입니다. 과거 대기 중 탄소-14 비율이 더 낮았다면, 붕괴에 걸린 시간은 더 줄어들게 됩니다. 과거 대기의 탄소-14 비율을 예측하고, 그에 따라 탄소 연대측정값을 보정하면, 수만 년 대가 아니라, 수천 년 대로 줄어든다는 것을 확인했습니다. 진화학계는 오랜 연대값을 제공하는 방법들에 대해서는 검증할 수 없는 가정들을 포함하고 있음에도 불구하고 선택적으로 받아들이고, 젊은 연대값을 제공하는 방법들은 타당성이 높음에도 불구하고 비과학적이라고 비하하면서 선택적으로 거부하고 있습니다.

## 2) 아는 연대는 모르고 모르는 연대는 아는 방법?

① 화성암에 대한 동위원소 연대측정법이 신뢰로운지 아닌지 확인할 수 있는 방법이 있다. 그것은 우리가 이미 ░░░░░░░를 아는 화성암에 대해 측정해 보는 것이다. 지질학자 앤드류 스넬링은 그랜드캐년 비슈누 편마암에 대해 다양한 방사성원소를 이용해 연대를 측정해 보았다. 국제적으로 잘 알려진 동위원소 분석 실험실에 27개의 샘플을 보내 얻은 결과는 충격적이다.

- 하나의 암석에 대해 각각의 방법으로 얻은 연대 값이 무려 ░░░░ 이상 차이가 난다. 이렇게 오차가 큰 방법을 믿어도 될까? 이 중 어느 값이 진짜 비슈누 편마암의 연대인 걸까?

| 분석에 사용된 방사성원소 | 측정결과 |
| --- | --- |
| 우라늄-납 (기존 연대) | 17억 1000만 ~ 16억 9000만 년 |
| 칼륨- 아르곤 (캐나다 랩) | 25억 7430만 ~ 4억 500만 년 |
| 루비듐-스트론튬 (호주 랩) | 12억 4000만 년 |
| 사마륨-네오디뮴 (isochron) | 16억 5500만 년 |
| 납-납 (isochron) | 18억 8300만 년 |

그랜드캐니언 비슈누 편마암의 여러 방사성 동위원소 연대 측정값 비교

② 호주 퀸즐랜드 크리넘 광산에서 환기 갱도를 매설하는 과정에서 지하 21m 깊이에 묻혀 있는 탄화된 채 보존된 ░░░░░░░을 발견하게 되었다. 이 나무 화석에 접촉되어 있는 현무암 샘플에 대해 방사성 동위원소 연대 측정을 했을 때 ░░░░░░░이 나왔고, 나무 화석에 대해 탄소 동위원소 연대측정을 했을 때는 약

이 나왔다.

- 두 연대값이 무려 ▮▮▮▮▮▮ 차이 난다. 어떻게 같은 시기에 생성된 암석과 화석의 연대가 이렇게 다를 수 있는가?

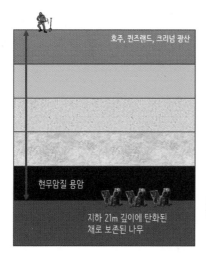

호주, 퀸즈랜드, 크리넘 광산

현무암질 용암

지하 21m 깊이에 탄화된
채로 보존된 나무

호주 크리넘 광산의 나무 화석과
현무암의 연대 측정 비교

③ 확실하게 분출 시기를 알고 있는 여러 화산이나 마그마에 대해 방사성 동위원소를 이용해 연대측정을 해 보았다. 결과는 단 한 경우도 분출 시기를 맞추지 못했다는 것이다.

- 1800년경에 분출한 ▮▮▮▮▮▮▮▮ 의 동위원소 연대 측정값은 260만~29억 6천만 년으로 계산되어 오차가 무려 1,138배나 난다.
- 심지어 1980년에 폭발한 세인트 헬렌 화산은 ▮▮▮▮▮▮▮ 년으로 측정되었다.

우리가 정확히 연대를 알고 있는 암석에 대해 모두 틀린 값을 제공하는 동위원소 연대측정법이, 연대를 모르는 오래전의 암석에 대해서는 정확한 값을 준다고 어떻게 확신할 수 있을까? 확인할 길이 없으니까 맞든 틀리든 상관이 없는 것일까? 그렇다면 진화론과 오랜 연대는 과학적 증거로는 뒷받침되지 않으면서 패러다임만큼은 고수하는 '폐쇄적 신념 체계'라고 스스로 실토하는 것이다.

자신들의 비합리적 전제들은 과학이라고 말하고, 진화론과 상충하는 연구들에 대해서는 비과학이라고 말한다면, 이는 순수한 과학적 탐구라고 보기 어려울 것입니다. 이쯤 되면 우리는 오랜 지질시대를 지탱하고 있는 것이 중립적이고 객관적인 경험과학의 자료들이 아니라, '철학적 신념'과 '자연주의', 그리고 '무신론적 가정'이라는 것을 알 수 있습니다. 우리가 그렇게 오래 듣고 배워온 고생대-중생대-신생대로 이어지는 지질시대, 그 자체가 지구가 우연히 만들어져 그 안에서 우연히 화학반응으로 세포가 발생해, 수십억 년 진화해서 인간이 나왔다는 무신론적 신념을 주입하는 통로였던 것입니다. 이제, 우리는 어쩌다가 이런 오랜 진화의 역사라는 신념에 사로잡혀 기록된 하나님의 말씀을 그대로 믿는 것이 부끄럽고 민망한 감정마저 들게 하는 세대가 되었는지 그 사상적 경위를 간략히 알아보고자 합니다.

## 3. 근대성이 강요하는 것

### 1) 찰스 라이엘의 관점과 역사과학

① 찰스 라이엘(1797-1875)은『지질학 원론』1-3권을 집필하여 지질학이란 학문의 토대를 놓은 인물이다. 그가 지질학을 통해 무엇을 추구했는지 잘 보여주는 일화가 있다. 라이엘은 1841년에 나이아가라 폭포를 방문했는데, 거기서 그 지역에 오랫동안 거주한 로버트 베이크웰 주니어를 만나 폭포가        정도 후퇴한다는 증언을 들었다. 하지만 라이엘은 그의 말을 무시하고, 증언 보다 3배 이상 느린 침식 속도를 적용하여 나이아가라 폭포의 연대를 약        으로 계산했다.

찰스 라이엘 (Charles Lyell 1797-1875)과
가장 오래된 것으로 알려지는 나이아가라 폭포 그림
(1698년, 루이스 헤너핀)

② 라이엘은 왜 오랜 연대를 선택했을까? 러셀 그리그에 의하면, 라
이엘의 목표는 '과학을 모세로부터 해방'하는 것이었다. 그는 지
구 역사에서 성경의 초기 역사 즉 [          ]를 삭제하고 동일과
정설에 입각한 오랜 지질 역사로 대체하기 원했다. 그것은 하나
님의 계시의 말씀으로부터 자연사를 해방시키겠다는 의도였고,
더 이상 창세기 1-11장을 [              ]로 받아들이지 않고 신
화나 전설 혹은 시로 취급하는 [              ]과 같은 흐름 가
운데 있는 것이었다.

③ 《종의 기원》을 저술한 찰스 다윈의 관점은 바로 찰스 라이엘의
관점을 그대로 이식한 것이었다. 라이엘이 거대한 지층과 협곡
및 화석의 형성을 [              ] 지질 변화로 해석하게 했듯,
다윈은 동일한 접근 방식을 [          ]에 적용했다. 생존경쟁에
서 살아남은 생물들의 작은 변화가 [                  ]
새로운 특징을 갖는 다른 생물들을 출현시킨다는 설명이었다.

④ 라이엘의 '점진적이고 느린 퇴적과 침식'은 다윈에게 '점진적이
고 느린 작은 변화의 축적'이었다. 과거 역사를 해석하는 데 있어
서 현재 관찰되고 경험되는 변화 속도와 규모를 균일적으로 과거
에 무한히 소급 적용시키는 [              ]이 그들의 대전제였다.

⑤ 18, 9세기 후로 과학자들은 먼 과거와 기원에 대해 연구할 때, 세
가지를 철저히 배제했다. 그것은 [        ], [        ], 그리고

　　　　　　　　　　　이다. 오직 자연 과정으로만 설명해야 한다는 　　　　　　　　　　　은 근대의 시대정신이었다. 그 속에서 오랜 연대의 지질학, 진화론적 생물학, 진화론적 우주론이 배태된 것이다.

## 2) 세속적 이층구조와 자연주의

① 중세에서 근대로 넘어오면서 서구 사회에는 유신론적 세계관에서 자연주의 세계관으로 빠르게 이동했다. 르네상스와 계몽주의가 진행되면서, 현실 세계를 　　　　　가 아니라, 　　　　　을 우위에 두고 이해하고자 했기 때문이다. 그 결과 자연과 인간 이해가 상충하는 문제가 발생했다.

| 은총 | → | 계시를 통해 알 수 있다 | 계시거부 → | 자율적 자유 | → | 자율적 자아 |
|---|---|---|---|---|---|---|
| 자연 | → | 이성을 통해 알 수 있다 | → | 자율적 자연 | → | 기계적 우주 |
| 중세 | | 아퀴나스 | | 루소 | | 칸트 |

**이층구조의 심화**: 중세 기독교 유신론에서 근대 계몽주의로의 변화

② 근대 계몽주의의 대표적인 철학자인 데이비드 흄(1711-1776)은 진리를 감각과 경험을 통해 주어지는 　　　　　　　　라고 보았다. 이처럼 근대성은 더 이상 진리를 절대자(초월자)로부터 주어지는 것이라고 보지 않았다. 　　　　　의 한계 바깥에 있는 것에 대해서는 알 수 없다고 선을 긋더니, 이성 너머에 대해 생각하는 것은 　　　　　이라고 규정하기에 이르는 것이다.

③ 자연주의: 우주에 존재하는 모든 것은 도덕적이거나 영적인 혹은 초월적인 존재의 개입 없이 오직            에 의해서만 생겨나고 설명된다고 보는 관점이다. 자연주의 세계관은            외에 아무것도 없으며 존재하는 모든 것은 그것의          일뿐이라고 생각한다.

④ 자연주의에 근거하면 우주 전체가 잘 짜인 기계여야 하는데, 그 거대한 기계 안에 넣어 놓을 수 없는 것이 있었다.                        만큼은 기계적이고 물질적인 산물일 수가 없어서 모순이 발생한다.

## 3) 참된 세계 이해의 근거

①                     에서는 '인격적 자율'이 모순이 되므로, 이를 해결하기 위해 인간의 자아를 세계 인식의 근원으로 여기고, 그에 상응하여 우주를 관념화함으로써 세속적 이층 구조가 발생하게 되었다. 근대 과학이 발달하면서 자연에 대한 이해는 '과학으로', 인간 자아에 대한 이해는 '추상적 관념으로'를 추구하게 된 것이다. 이 세계관에서는 우리가 어디서 왔으며, 왜 존재하는지, 어디로 가는 존재인지 답을 알 수 없다.

근대를 거치며 세속적 이층구조가 형성됨

자율적
자아/자유

기계적 우주
또는
자율적 자연

모순된 세계 이해를 벗어나기 위해 발생시킨 자연주의적(세속적) 이층 구조

② 진정한 세계 이해는 어디에 근거해야 하는가? 인간 스스로는 그
답을 찾을 수 없기 때문에 하나님께서는 우리에게 _____를
주셨다.

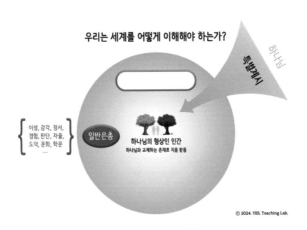

우리는 세계를 어떻게 이해해야 하는가?

특별계시        하나님

이성, 감각, 정서,
경험, 판단, 자율,
도덕, 문화, 학문
...

일반은총

하나님의 형상인 인간
하나님과 교제하는 존재로 지음 받음

계시 의존적 세계 이해 - 창조 때

• 완전한 창조 세계에서도 아담과 하와는 _____

직접 배워야 했다.

- 하나님께서는　　　　　　　세상을 창조하신 것과　　　　　　　하늘과 땅과 그 안의 만물을 지으신 것과 그 모든 것을 아담에게 맡기시고　　　　　　　을 가르치셨다.

- 하나님께서는 모든 피조물 중에 오직 남자와 여자에게만　　　　　　　을 주셨음을 가르쳐 주셨으며, 사람은 하나님을 통해서만　　　　　　　을 얻는 존재이며, 하나님의 명령을 어길 때는 그 생명이 끊어져　　　　　　　　　　　을 가르치셨다.

- 인간은 처음부터 자신이 누구이며, 어디서 왔으며, 무엇을 위해 존재하며, 어떻게 살 때 복되고, 무엇을 수행하며 살아야 하는지 그 근본적인 앎에 대해 오직 하나님께서 직접 가르쳐주시는　　　　　에 의존적인 존재다.

③ 타락한 세상에서도 참된 앎은　　　　　　　에 의존할 때만 가능하다.

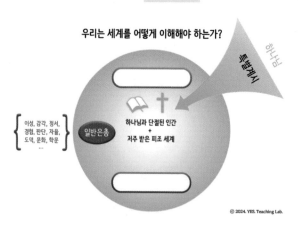

계시 의존적 세계 이해 – 타락 후

- 인간의 범죄로 인간의         는 타락했으며, 물리적 세계도 함께 저주를 받았다. 타락한 인간은 눈이 어둡고 마음이 부패하여 타락한 세계가 처한 상태, 즉 영적으로, 물리적으로         에 굴복된 상태에 대한 바른 이해를 스스로 하지 못한다.

- 타락한 인간은 하나님의 심판과 구원의 대상이다. 하나님의 아들 예수 그리스도께서 십자가에서 나의 죄를         과 나의 구주와 주님이 되심을 마음으로 믿고 입으로 시인하면 영생을 얻고         에 이르지 않는다. 구원은 살아 계신 하나님과 다시 연결되어 그분과 영원히         인간 본래의 모습을 회복하는 것이다.

- 인간의 제한되고 타락한 이성에 기초한 앎은 참된 진리에 도달할 수 없으며,         만을 낳을 뿐이다.

---

**이사야 44:18** | 백성이 알지도 못하고 깨닫지도 못하는 것은 그들의         이 가려져서 볼 수 없기 때문이며,         이 어두워져서 깨달을 수 없기 때문이다.

**에베소서 4:18** | 그들은 자기들 속에 있는         와 자기들의 마음의         때문에 지각이 어두워지고, 하나님의 생명에서 떠나 있습니다.

---

④ 그리스도인은 성경에 근거해 세상을 해석하는         관

점을 회복하여야 한다. 우주, 지구, 생명, 인간, 가정 그리고 사회의 모든 문제들에 대해           이 가르치시는 역사와 교훈과 완전한 해결책인         에 근거해서 세상을 바라보아야 한다. 그래서 모든 생각을       시키며, 모든 영역에서        를 구하는 삶을 살아야 한다.

> **고린도후서 10:5** | 하나님을 아는 지식을 가로막는 모든      을 쳐부수고, 모든      을 사로잡아서, 그리스도께 복종시킵니다.
>
> **골로새서 3:10** | 새사람을 입으십시오. 이 새 사람은 자기를      분의 형상을 따라 끊임없이 새로워져서,      에 이르게 됩니다."

　화석이 어떻게 지층의 나이를 알 수 있었을까 추적해 보았더니, 생물이 진화되었다는 가정과 지층이 현재와 같이 과거에도 동일하게 매우 느리게 형성되었다는 동일과정설에 의해 추론되었을 뿐이었다. 이 가정에 의존하여 먼 지층이더라도 같은 생물 화석이 발견되면 '동시대'에 쌓인 것이라고 규정하고, 진화적으로 더 발달된 생물 화석이 발견되면 나중 시대의 지층이라고 규정하며 시대 순서를 결정했다. 또 특정 지층에서만 산출되는 화석이 있으면 시대를 대표한다고 하여 '표준화석'이라고 부르고, 전 세계 어느 곳이든 표준화석이 나오는 지층에는 자연스럽게 결정된 '시대'를 매겼다. 그런 식으로 전 세계 지층과 화석들에 오랜 연대가 매겨지고, 화석들은 진화의 순서로 배열되어 고생대-중생대-신생대 진화의 역사틀을 구성하게 되었다.

　충분한 자료가 쌓이고 다시 확인해 보니, 모든 화석은 갑작스럽게 완벽한 형태로 나타나고 있으며, 점진적인 진화를 뒷받침할 만한 증거들이 부재하다. 생물종들은 유전적으로도 형태적으로도 서로 불연속적이며, 처음 나타난 때로부터 현재에까지 큰 차이가 없이 종류가 보존되어 왔음을 보여준다. 지층은 한 층 한 층이 수백만 년의 산물이었던 게 아니라, 다량의 물이 다량의 퇴적물을 동반하여 '빠르게' 이동할 때에 뚜렷한 줄무늬를 만들어낸 것임을 관찰과 실험이 보여준다. 그래서 지층의 두께는 '오랜 시간'이 아니라 얼마나 많은 물과 흙이 필요했는지 물리적 '사건의 규모'와 관련된다.

동위원소 연대는 어떠하였는가? 진화론으로는 도저히 상상할 수 없는 탄소 동위원소 연대값들이 화석을 측정할 때마다 나온다. 수억 년 되었다는 화석에 여전히 $^{14}$C가 남아있다는 것만으로도 고생대, 중생대, 신생대라는 지질시대는 가짜 역사 틀이라는 것이 명백하다. 분출시기를 확실히 아는 화성암의 연대를 단 한 번도 맞추지 못한 방사성 동위원소 연대측정법, 그것에 의존하여 지구 역사 46억 년에 매달리고 있는 교과서와 그것만이 사실인 줄 배우고 있는 우리의 자녀들이 안타깝다. 우주 공간의 먼지가스가 뭉쳐진 지구에서 생명이 우연히 발생하였길 바라는 사람들의 독실한 신념이 국민의 신념이 되어 버렸다.

지난 200년 진화론의 흐름은 특별 계시인 성경을 떠나서 우주와 생명과 인간에 대해 스스로 잘 설명할 수 있다는 강한 자신감을 보여 왔다. 그러나 '시작'에 관하여 무엇을 밝혔는가? 오히려 그 헛된 시도는 거짓 역사 틀로 수많은 영혼들을 성경에서 떠나게 했고, 허탄한 지식으로 인간의 지성과 도덕을 참담하게 훼손하고 있다. 거짓 역사라도 전 국민이 상식으로 알면 정당성이 된다. 진화론이 삶의 기초가 되어 버린 우리 사회와 가정과 교회 저변에서 '하나님을 인정하지 않아도 되는 이유', '성경을 기록된 대로 믿지 않아도 되는 이유', '창세기가 가르치는 결혼을 하지 않아도 되는 이유', '성을 내 마음대로 바꿔도 되는 이유', '아담이 우리의 첫 조상이 아니어도 되는 이유', '예수 그리스도만이 유일한 구원자가 아니어도 되는 이유', '십자가 대속과 몸의 부활을 믿지 않는 이유', '낙태해도 되는 이유', '부부의 순결을 지키지 않아도 되는 이유', '인격보다 생존경

쟁이 중요한 이유', '인권이 성경보다 우선시 되는 이유' 등을 유포하며 야금야금 진리의 기초를 허물고 있다. 피조물이 허무함에 굴복되어 있기 때문에 하나님 없이 세계를 보면 허무함에서 벗어나지 못하고 망할 수밖에 없다.

우리에게는 성경이 필요하다. 개인의 역사이든 인류의 역사이든 우리가 어디서 왔는지 알려면, 우리가 왜 타락한 세상에서 살고 있는지 알려면, 이 고통과 신음이 어디서부터 시작된 것인지 알려면, 그리고 영원한 해결책이 무엇인지 알려면 창세기가 필요하다. 우리 교만을 내려놓고, 우리 지성을 사로잡아 예수 그리스도께 복종하자. 아멘이시요 충성되고 신실한 증인이신 우리 예수님을 사랑하자. 그리고 그분의 증언을 모든 삶의 터전에서 자랑하자. "누구든지 나와 내 말을 부끄러워하면 인자도 자기와 아버지와 거룩한 천사들의 영광으로 올 때에 그 사람을 부끄러워하리라"(눅 9:26). 마지막 때에 더욱 성경으로 돌아가는 교회가 되자. 마라나타!

# Note

# 셀프 스터디를 위한 해답

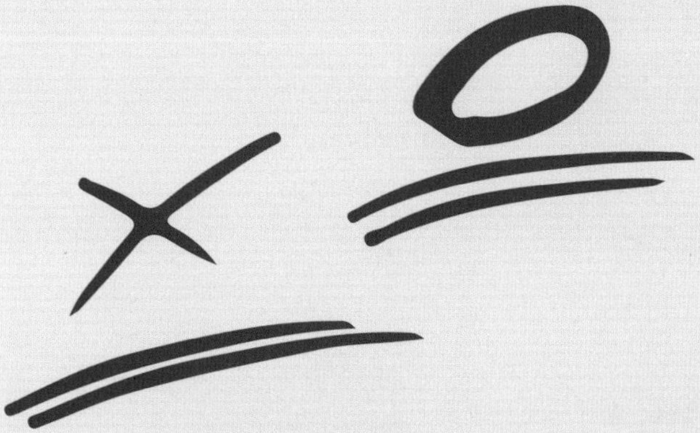

# 1강 우주의 시작

## 포인트 질문

\* 우주의 기원과 구조에 대해 연구하는 학문이다. 우주론을 연구하고 가르치는 이유는 내가 누구인지, 즉 자기 정체성을 알고 싶은 인간의 가장 근본적인 욕구 때문이다.

\* 지구와 생명체, 그리고 '우리'의 정체성을 우주의 진화 역사에 관련지어 설명하도록 하고 있다. 엄밀히 교과서가 가르치는 우주의 시작은 성경이 가르치는 창조를 믿지 못하게 할 뿐 아니라, 성경의 신적 권위를 심각하게 훼손한다. 따라서 적절한 내용으로 성도들과 다음 세대의 생각 속에 이미 들어간 잘못된 지식들을 '교정'하여 주고 하나님 말씀의 신실함을 확신하도록 가르칠 필요가 절실하다.

## 1. 학교에서 배우는 빅뱅이론 알아보기

1-1)
① 시공간의 뒤틀림, 휘어짐, 에너지
② 한 점
③ 원래부터, 중심, 가장자리

1-2)

① 붉은 색

② 도플러, 멀어지기

③ 먼, 비례한다

④ 우주의 중심


## 2. 빅뱅이론, 어디까지 사실인가?


2-1)

① 전파, 우주배경복사

② 팽창

③ 균일한 온도, 열적 상호작용

④ 열적 평형

⑤ $10^{-35} \sim 10^{-32}$, 인플레이션, 빛의 속도, 완만한


2-2)

① 곡률, 밀도, 1

② $10^{60}$ 분의 1, 우연히, 편평도의 문제


2-3)

① 약 4.9% 정도만 확인된다.

② 95%, 암흑물질

③ 암흑에너지, 가속 팽창

④ 초신성 연구

## 3. 성경적 기원론의 조건

3-1)
① 역사적 사실, 남자와 여자, 인류, 하나님의 말씀

막 10:6 - 창조 때로부터
② 예수님, 역사적인 첫 조상

3-2)
① 엿새 동안, 사람, 두 돌판, 반드시 죽이라
② 첫 조상, 죽음

# 2강 지구의 역사

* 자기 대답

* 하나님께서 직접 창조 엿새 동안 지구의 모든 물리적, 생물학적 환경을 완전하게 조성하셨다. 처음 지구는 생명이 살기에 완전하였고, 죽음이 없었으며, 창조주 하나님께서 보시기에 심히 좋았다. 그러나 교과서가 가르치는 처음 지구의 모습은 뜨거운 마그마 상태로 마치 지옥불이 끓는 것과 같은 모습으로 묘사되고 있다.

# 1. 별과 행성의 기원

1-1)
① 크기, 거리, 성분, 수명, 운동
② 창조, 이사야 40:26 – 천체, 이름
③ 2억 년
④ 중력, 가스 압력, 회전속도, 첫 번째, 다른 별

1-2)
① 가스 수축, 미행성체
② 돌덩어리, 충돌, 부서지고

1-3)
① 탈출 속도
② 위성, 중력

# 2. 지구와 특별한 이유

2-1)
① 생물학적 환경, 427℃, 183℃, 이산화탄소, 화산 폭발, 황산 구름
② 소행성과 혜성
③ 안정적인 , 원
④ 액체, 멀리, 가까이

2-2)

① 물의 증발, 사막화

② 밀물 썰물, 자전축

③ 10억 개, 0.06%

④ 수퍼플레어

⑤ 자기장, 플라즈마, 유해한 우주선

⑥ 자외선

⑦ 질소, 비료

⑧ 산소, 결핍, 광합성, 산소소모박테리아, 감소


2-3)

① 이사야 45장 12절 바로 내가 친히 이 땅을 만들었으며, 바로 내가 그 위에 인류를 창조하였다. 내가 손수 하늘을 폈으며, 그 모든 별에게 명령을 내렸다. (표준새번역)

- 지구를 하나님께서 직접 만드셨으며, 땅 위에 인간이 살도록 창조하신 분도 하나님이시기 때문이다.

이사야 45장 18절 "하늘을 창조하신 주, 땅을 창조하시고 조성하신 하나님, 땅을 견고하게 하신 분이 말씀하신다. 그분은 땅을 혼돈 상태로 창조하신 것이 아니라, 사람이 살 수 있게 만드신 분이다. 나는 주다. 나 밖에는 다른 신은 없다." (표준새번역)

- 하나님께서 지구를 특별히 견고하게 지으셨는데, 바로 사람이 거주하게 하기 위해 그렇게 지으셨다고 말씀하신다.

② 하나님의 형상, 성육신, 다시 오심, 맞이할 곳

　- 지구처럼 생명체가 살기 위한 수많은 조건들을 우연히 갖출 수는 없다. 생명체와 인간의 거주를 위한 특별한 조건은 하나님의 설계이다. 성경에 하나님께서 지구 외에 다른 행성에 생명체를 거주하게 하실 의도를 밝히신 적이 없고, 예수 그리스도를 통해 이루신 구원은 단 한 번에 영원한 제사를 통해 이루신 우주적 사건이며, 예수 그리스도께서 다시 지구에 재림하실 때 우주의 역사는 종말을 맞이하게 된다. 따라서, 성경적으로 보았을 때 지구 외에 외계인이 존재한다는 것은 불가능하다.

## 3강 생명의 시작

* 자기 대답

* 생명이 물질의 화학반응과 자연발생으로 시작되었다면, 엄밀히 우리는 생명을 '잃은' 적이 없어야 할 것이다. 생명을 잃었다는 것은 처음에 생명이 우연히 생겨난 것이 아니라 '주어진' 것이라는 것이 전제되어 있는 것이다. 진화론이 알려주는 생명의 기원이 사실이면, 생명은 그저 물질적 화학반응에 의한 현상에 불과하다. 그렇다면, 죽음은 그 물질적 작용을 멈추고 다시 물질로 환원되는 것 이상의 어떤 의미도 없다. 이 모든 게 정말 사실이라면, 우리는 예수님을 향해 '주님은 나의 생명'이라고 고백하거나, 예수님께서 우리를 죽음에서

건지시기 위해 대신 죽으셨다고 믿거나, 예수님만이 유일한 구원자라고 가르치는 것은 모두 난센스가 된다.

## 1. 생명 발생에 관한 긴 논쟁

1-1)
① 반박하는
 - 영양 물질이 있어도 외부로부터 생물이 들어오지 않는 한 새로운 생물이 생겨나지 않는다.
 - 눈에 보이지 않는 작은 생물들, 즉 미생물은 저절로 생길 수 있다는 믿음을 완전히 반박할 수 없었기 때문.
② 스팔란차니는 니덤이 고깃국물을 살짝 끓였기 때문에 제대로 멸균 처리가 되지 않았을 것이라고 생각했다.
③ 미생물, 외부 공기

1-2)
① 공기
② 세균들, 백조목 플라스크
③ 생명체, 생명, 생명
④ 세포와 생명의 설계도

2-1)
① 유전 정보, 세포질

② 염기, 유전자, 단백질

③ T, G, 보존, 돌연변이

④ 복제, 리보솜, 아미노산, 기능적 단백질, 세포 밖


2-2)

① 3,170년

② 20가지

③ $10^{39}$, 13


2-3)

① 특정한 결과를 생성하는 선택 가능한 문자의 서열 또는 배열

② DNA

③ 복잡성, 설계 논리 및 정보 저장 밀도

④ 와인병

⑤ 지성

⑥ 성경이 가르치는 '생명'


3-1)

① 첫 조상, 진화적 연속성

② 6,700억, 31억, 220배

③ 동일하게, 보존된다, 종류대로

3-2)

① 생육하고 번성하도록, 전이과정

② 예수 그리스도, 생명, 생명

③ 생명의 기운[생기], 생명체


## 4강 생물의 역사

* 자기 대답

* 자기 대답

### 1. 생물의 종류와 다양성

1-1)

① 자연발생 아니면 창조, 철학적 이유, 무생물, 생물

② 중간고리

③ 갑작스러운 출현, 불연속성


1-2)

① 종류대로, 씨

　창 7:2-3 – 씨

② 서로 교배 불가능

③ 교배의 한계, 형태, 교배 가능

④ 코요테, 호랑이, 표범

⑤ 연어, 청둥오리, 종류, 고정

⑥ 재조합, 유전정보량, $10^{504}$, 무한한, 추가, 변이

## 2. 타락이 가져온 변화

2-1)

① 하나님의 형상, 완전한 세계, 노화, 질병, 죽음

② 저주, 하난미의 공급, 질적 하락, 죽음

　창 3:17-18 – 저주, 가시덤불, 엉경퀴

③ 땅, 가지덤불과 엉경퀴, 돌연변이

롬 8:20-22 "피조물이 허무에 굴복했지만, 그것은 자의로 그렇게 한 것이 아니라, 굴복하게 하신 그분이 그렇게 하신 것입니다. 그러나 소망은 남아 있습니다. 그것은 곧 피조물도 썩어짐의 종살이에서 해방되어서, 하나님의 자녀가 누릴 영광된 자유를 얻으리라는 것입니다. 모든 피조물이 이제까지 함께 신음하며, 함께 해산의 고통을 겪고 있다는 것을, 우리는 압니다." (표준새번역)

2-3)

① 복제 오류, 프로제리아 신드롬, 샤르코 마리 투스병

② 질병의 원인

③ 진보, 퇴보, 나쁜 소식

④ 무질서, 처음, 성경

## 3. 노아홍수 이후 생물계 변화

3-1)

① 축구장, 522량

② 17,000 마리

3-2)

① 식물, 허락

　　창 9:1-3 – 두려워하며, 무서워할, 먹을 것

② 먹이사슬, 창조 때, 포식자-피식자

③ 타락, 대홍수, 수명 변화, 600세, 400세 대

④ 사막, 물, 빙하와 동토, 시베리아, 매머드, 습윤사막 시대

3-3)

① 눈, 눈, 기온

② 수증기, 화산재, 차단하는, 여름, 마그마 분출

③ 화산재, 해수 수온, 상승, 해변의 도시들

④ 기온차, 건조화와 사막화, 빙하, 추위와 더위

⑤ 대형 동물들, 대량 멸종, 해빙기, 생물학적 대격변

# 5강 화석 바로 보기

* 자기 대답

* 자기 대답

## 1. 화석 발견에 숨겨진 이야기

1-1)

① 모양

② 진화 패턴 또는 진화 경향, (나), 캄브리아기

③ 느렸다, 모양, 천천히, 진화

④ 페름기, 모양, 시대, 진화 패턴, 순환 논증, 가정

1-2)

① 동시대에, 상위 지층

② 발자국, 몸체

③ 물리적 규모, 다양성, 동시대에, 공존

④ 부드러울, 사라지기, 굳는 과정, 풍화 침식

　- 공룡이 지층을 수만 년에 걸쳐 밟을 수는 없다. 또 느린 퇴적이
　었다면 아래층은 이미 굳어서 동시에 움푹한 자국을 남길 수 없
　다. 지층들이 연속적으로 짧은 시간 안에 쌓였을 때에만 육중한
　공룡이 아직 부드러운 여러 층을 한꺼번에 밟아 남길 수 있는 흔

적 화석이다.

⑤ 빠르게, 굴러가며, 오랜 시간, 물, 빠르게

## 2. 화석이 지지하는 것

2-1)

① 전이과정

② 완벽한, 조상, 조상들

③ 한꺼번에, 30-40, 5 분의 4

④ 척추, 어류

⑤ 800만 년, 물갈퀴, 꼬리지느러미, 갑작스럽게

2-2)

① 낱눈, 140~180

② 방해석 결정

③ 구면수차, 굴절률, 이중초점렌즈, 우연, 설계

④ 성경, 지혜, 지으신 것, 창조, 만물을 보고서, 핑계, 감사, 허망해
   져서, 어두워졌습니다, 하나님의 말씀, 나타나 있는 것

# 6강 연대 문제와 세계관

* 자기 대답

* 자기 대답

## 1. 측정이 아니라 결정된 연대

1-1)
① 기, 화석, 지층의 순서, 화석
② 특정 시대, 대표하는
  예시1)
  - 그 지층은 페름기에 퇴적된 것이며, 연대는 약 2억 9천만 년 전
  ~2억 5천만 년 전이라고 매겨진다.
  - 그 지층에서 나온 화석을 보고 결정되었다.
  - 역시 페름기에 살았던 생물들로 시대가 정해질 것이다.
  예시2)
  - 2억 년 ~ 4억 년, 모양, 표준화석, 다양한
③ 연속적으로, 퇴적 속도, 추론

1-2)
① 화성암
② 붕괴 속도, 5개, 5개

③ 초기값, 자원소

④ 길다, 적은 양, 길게, 초기값

⑤ 처음 양, 일정했다

## 2. 연대의 불일치 문제

2-1)

① 탄소, 질소-14

② 5,700년, 짧은, 남아 있는지 또는 줄어들었는지, 10번

③ 남아 있을 리가 없다, 지질시대 이론

④ 41,260년, 40,070년, 22,000~39,000년, 44,000~57,000년,
   55,000년

2-2)

① 분출한 시기, 6억 년

② 나무 화석, 4천 5백만 년, 44,000~45,500년, 1000배

③ 후알라라이 현무암, 35만

## 3. 근대성이 강요하는 것

3-1)

① 1년에 1m, 3만 5천만 년

② 창세기, 역사적 사실, 자유주의 신학

③ 느리고 점직적인, 생물의 기원, 오랜 세월에 걸쳐 축적되어

④ 동일과정설

⑤ 격변, 초자연적 개입, 기록된 하나님의 말씀, 자연주의 사상


3-2)

① 계시, 이성

② 이성의 자연적 결과, 경험, 독단

③ 자연 과정, 우주, 부분

④ 인간의 자율적 인격과 지성과 영혼


3-3)

① 자연주의 세계관 또는 기계적 우주

② 특별 계시, 하나님께로부터, 말씀으로, 엿새 동안, 다스리게 하신 것, 하나님의 형상, 영원한 생명, 죽게 됨, 특별 계시

③ 계시, 이성과 감정과 의지, 허무함, 대속하셨음, 심판, 교제하는, 불완전한 세계관, 눈, 마음, 무지, 완고함

④ 계시의존적, 성경, 복음, 그리스도께 복종, 하나님의 나라와 의, 교만, 생각, 창조하신, 참 지식

# 다음 세대에게
## 주고 싶은
## 선한 약속

모든 공교육 과정이 나선형으로 편성되어 있듯,
세계관은 단숨에 형성되는 것이 아닙니다.
세계관은 마치 물감이 스며들 듯, 지속적인 접촉을 통해 형성됩니다.

예스티칭연구소는 각 교회 다음 세대에게 4-5년에 한 번씩 창조신앙과
성경적 세계관을 교육할 수 있도록 콘텐츠를 개발하여 프로그램을 진행하고 있습니다.

02-388-1333 예스티칭연구소
후원: 국민은행 458301-01-561650 예스티칭연구소(노휘선)

> 지난 여름 리얼 오리진캠프에서 만난
> 한 초등학생 간증이 마음을 뜨겁게 했습니다

저는 이번 캠프를 통해서
섬세하시고 견고하신 하나님을 느꼈습니다.
지금 이렇게 보이는 것과 보이지 않는 세계조차도
만드신 하나님의 지혜를 묵상하는 시간이었구요,
그래서 이런 세상은 창조주없이는
생길 수 없다는 것을 크게 느꼈습니다.

부정할 수 없는 하나님을 뼈저리게 느꼈고
하나님의 존재가 의심될 때는
'그냥 이 세상(하나님이 지으신 세상)을 바라보자'
라고 생각했습니다.
이런 전능하신 분이 나의 하나님이시기 때문에
나는 두려울 것이 없다고 생각했습니다.

# CBT 이런 간증을 만들어 갈 여러분을 기다립니다

예스티칭연구소는 창조신앙과 성경적 세계관 교육 전문강사를 양성합니다.
The Creation and the Biblical Worldview Teacher

'창조'는 복음의 기초이며, 세계관의 첫 단추입니다.
이 시대에 가장 공격받는 성경은 창세기 앞부분이며,
아이들은 압도적인 양으로 진화를 교육받고 있습니다.
각종 세계관이 충돌하는 시대에, 성경적이고 복음적이며
전문적인 창조신앙교육을 감당할 "하나님 나라 공무원"이 필요합니다.

CBT 전문강사 훈련 문의
02-388-1333  yesteachinglab@gmail.com

 CBT수료생 간증영상

# WHY? 창조 스터디북

*WHY? Creation, Workbook*

**발행** 2025년 1월 2일

**지은이** 노휘성

**그림** 손현동, 한세희, 이윤미

**디자인** 김현진

**가격** 13,000원

**펴낸곳** 예스티칭연구소

**출판등록** 제978461호

**전화** 02-388-1333

**홈페이지** https://blog.naver.com/yesteaching

**이메일** YESteachinglab@gmail.com

**송금계좌** 국민은행 458301-01-561-650 예스티칭연구소

**ISBN** 979-11-978461-4-4(03230)